本书获得教育部人文社会科学青年基金项目：中国典型区域融入GVC产业转型升级评价及路径优化研究（项目编号：17YJC790135）资助

对外产业转移与母国经济结构升级

基于日本的经验研究

孙亚轩 ◎ 著

中国财经出版传媒集团
经济科学出版社
Economic Science Press

图书在版编目（CIP）数据

对外产业转移与母国经济结构升级：基于日本的经验研究/孙亚轩著. --北京：经济科学出版社，2020.12

ISBN 978-7-5218-1747-8

Ⅰ.①对… Ⅱ.①孙… Ⅲ.①对外投资-直接投资-研究-日本 Ⅳ.①F833.136

中国版本图书馆 CIP 数据核字（2020）第 135481 号

责任编辑：王柳松　胡成洁
责任校对：靳玉环
责任印制：王世伟

对外产业转移与母国经济结构升级
——基于日本的经验研究
孙亚轩　著
经济科学出版社出版、发行　新华书店经销
社址：北京市海淀区阜成路甲 28 号　邮编：100142
总编部电话：010-88191217　发行部电话：010-88191522
网址：www.esp.com.cn
电子邮箱：esp@esp.com.cn
天猫网店：经济科学出版社旗舰店
网址：http://jjkxcbs.tmall.com
北京财经印刷厂印装
710×1000　16 开　12.25 印张　190000 字
2020 年 12 月第 1 版　2020 年 12 月第 1 次印刷
ISBN 978-7-5218-1747-8　定价：52.00 元
(图书出现印装问题，本社负责调换。电话：010-88191545)
(版权所有　侵权必究　打击盗版　举报热线：010-88191661
QQ：2242791300　营销中心电话：010-88191537
电子邮箱：dbts@esp.com.cn)

前 言

随着经济全球化发展与国际分工水平深化,以跨国公司为主体、以对外直接投资为主要方式的对外产业转移活动,成为世界上普遍的经济现象。对外产业转移对母国经济有怎样的影响,在欧美日等对外产业转移大国一直处于政策争论的中心。经济学家们试图用各种先进的经济学方法以及计量经济学工具,准确量化对外产业转移在生产、就业、贸易等方面对母国的经济影响,以便从量化角度准确回答对外产业转移对母国经济是具有正面的影响,还是具有负面的影响。

从结构角度看,对外产业转移是母国实现经济结构调整的重要方式,历史经验表明,对一国经济长期发展起重要作用的是经济结构升级。一国的经济结构与贸易产品结构的关系是一种"镜像"关系,贸易产品数据在产品分类水平、统计口径、数据的可追溯性以及数据的可得性方面具有无可比拟的优越性,因此,本书以贸易产品的技术结构作为经济结构的衡量指标,从长期视角研究对外产业转移对母国贸易产品技术结构的影响。

20世纪90年代以来,随着信息技术的发展以及经济全球化的深化,国际分工也从产业间、产业内深化到产品内的生产工序和生产环节,日本对外产业转移的方式也从20世纪80年代"雁行模式"的产业链整体转移,发展到以构建国际生产网络为目的的"网络型"对外直接投资。在全球范围内按照各国不同的区位比较优势,跨国公司对既有资源和分工进行重组,将产品拆分成各个模块,并按照成本最低、创新最高的原则在不同国家和地区进行专业化生产和组装,从而彻底改变了传统的国际分工形式,形成国际生产网络。国际生产网络的出现,是近二三十年以来经济全球化的主要特征。

本书以日本为主要研究样本，从对经济结构长期影响的视角，分三部分来研究日本对外产业转移对日本贸易产品技术结构的影响及其机制。针对研究中的新发现，探索未来中国通过"走出去"完成本国经济的结构性升级和实现经济长期可持续增长的机制。

要研究日本对外产业转移对贸易产品技术结构的长期影响，就要对日本贸易产品技术结构的现状进行准确的量化分析，分析日本贸易产品技术结构如何演变以及演变过程中的特征。本书从贸易产品技术构成和贸易平衡两个角度定义了贸易产品技术结构演变的动态特征和静态特征，得出结论：从现状上看，2011年日本17.51%的贸易产品处于绝对优势地位，贡献了3/4的出口总量；从静态特征来看，日本贸易产品技术结构仍然处于绝对优势地位；从贸易模式的动态演变特征来看，1976～2011年只有17.5%的贸易产品完成了贸易产品技术结构的动态升级，有38.71%的贸易产品出现了结构性衰退；从时间趋势上来看，1997年之后，日本贸易产品技术结构升级速度小于衰退速度，贸易模式呈现出恶化趋势。

本书采用日本不同产业对外产业转移和贸易产品技术结构的数据，从中观层面对于1976～2011年日本对外产业转移对贸易产品技术结构的影响进行了实证检验。对外产业转移的实质，是通过资本要素流动优化资源配置的经济过程。从总体水平来看，日本对外产业转移促进了贸易产品技术结构的升级；从不同技术水平产业所受影响程度的数量比较来看，对外产业转移对中、高技术水平产业贸易产品技术结构升级的促进作用尤其明显。日本的经验表明，对外产业转移是实现经济结构调整的重要途径。

本书对产品内分工和国际生产网络存在的条件下对外产业转移影响贸易产品技术结构的机制，进行了理论分析和实证检验。20世纪90年代以来，国际分工深化到产品内的生产环节和生产工序，在这种分工基础上，日本对外产业转移的重要目的就是构建国际生产网络，这一时期日本对外直接投资的重要特征就是"网络型"对外直接投资。本书基于新经济地理学理论框架，构建了"两国两要素三部门"垂直资本自由流动模型，制造业部门产品的生产效率从资本积累的外部性中获益，资本可以在相同的产品部门间跨国自由流动，劳动力在两国间不能自由流动。跨国公司为了追求最大利润，通过对外直接投资将对资源禀赋要求不同的生产环节布局在不同的国家，优化母国的资源配置，其结果就是国际生产网络的形成。通过国际生产网络，对外直接投资可以通过资源优化配置效应、资本和创新的循环累积作用、集聚的经济性三个渠道促进母国贸易技术结构的升级。本书利用空间面板回归技术，对这一机制进行了实证检验。实证检验的样本覆盖范围为日本的 25 个主要对外直接投资东道国，并按照东道国的区域性特征将 25 个样本国家分为亚洲国家、欧洲国家、美国及其周边国家三组，对整体样本以及分区域样本的网络效应机制进行了实证检验。检验结果发现，通过国际生产网络的构建，对外直接投资可以促进母国对东道国贸易产品技术结构的升级，同时，东道国经济发展水平的提高要求母国贸易产品技术结构必须随之升级，否则，就会引起贸易结构的动态衰退。

基于日本的经验，中国应该利用对外直接投资构建实现本国资源最优配置的国际生产网络，进而实现中国经济结构升级和在全球价值链体系中地位的提升。针对这一问题，本书提出了简要的政策和建议。

孙亚轩
2020 年 3 月

目　录

第一章　导论 ………………………………………………………… 1
　　第一节　研究背景和研究意义 ………………………………… 1
　　第二节　相关概念界定和本书结构安排 ……………………… 7
　　第三节　本书的研究方法、创新和研究意义 ………………… 13

第二章　文献综述 …………………………………………………… 16
　　第一节　相关概念界定 ………………………………………… 16
　　第二节　对外产业转移理论研究脉络 ………………………… 20
　　第三节　对外产业转移对母国贸易结构的影响 ……………… 28
　　第四节　日本的对外产业转移与贸易结构 …………………… 38

第三章　日本贸易结构演变情况 …………………………………… 47
　　第一节　日本贸易结构演变 …………………………………… 47
　　第二节　日本贸易产品技术结构演变的实证分析 …………… 54

第四章　日本对外产业转移概况 …………………………………… 81
　　第一节　日本对外产业转移回顾 ……………………………… 81
　　第二节　日本对外产业转移特征 ……………………………… 87

第五章　日本对外产业转移与贸易产品技术结构升级
　　　　　实证分析 ………………………………………………… 97
　　第一节　对外直接投资与贸易产品技术结构升级 …………… 97
　　第二节　日本对外直接投资与贸易产品技术结构特征描述 …… 99

第三节　对外直接投资与贸易产品技术结构实证分析……… 103

第六章　对外产业转移与贸易产品技术结构升级机制分析………………………………………… 115

　第一节　研究对象的确定…………………………………… 115
　第二节　日本对外产业转移的分类特征与理论框架……… 116
　第三节　对外产业转移与贸易产品技术结构升级：
　　　　　理论分析…………………………………………… 126
　第四节　对外产业转移与贸易产品技术结构升级：
　　　　　实证分析…………………………………………… 140

第七章　结论与政策建议……………………………………… 161
　第一节　本书主要结论……………………………………… 161
　第二节　政策及建议………………………………………… 164

参考文献……………………………………………………… 169

第一章

导　论

第一节　研究背景和研究意义

一、研究背景

对外产业转移是一国工业化过程中产业结构调整引发的一种客观经济现象,是在市场经济条件下,企业为了最大化自身利益而调整生产布局的战略性行为。对外产业转移,往往因对母国经济的负面影响而被关注。1960年,对母国美国就业问题的负面影响,使产业转移最早被关注(Kravis and Lipsey, 1988),此后,随着分工水平的深化,跨国公司为最大化自身利益,通过对外直接投资的方式进行产业转移,在要素禀赋不同的国家进行跨国生产,成为世界经济领域的普遍现象。因此,产业转移在政策层面受到的关注与日俱增(Lipsey, 1995)。在日本,因20世纪80年代中期向低成本国家转移生产,对外产业转移被与日本国内"产业空洞化"联系在一起,一度成为政策辩论的主题。从历史轨迹来看,产业转移与一国工业化过程的阶段特性密切相关;就其性质而言,产业转移的目的是在工业化过程中让不再具备比较优势的产业实现产业退出。产业转移现象是由经济发展过程中区域间比较优势的转变所引起的。

20世纪50年代,日本作为产业转移的东道国,接受了来自美国的大量对外直接投资,依据比较优势发展了机械制造、造船、重化工等资本密集型产业、技术密集型产业，造就了"亚洲奇迹"（Krugman，1990），而工业化发展水平的提升，也引起日本的比较优势向资本密集型转变。20世纪70年代，日元升值以及国内经营成本提高，日本开始向外转移衰退产业，在东亚形成"雁行模式"的产业转移。从分工水平角度看，"雁行模式"的产业转移是衰退产业整体产业链的跨区域转移。

20世纪90年代之后，信息技术发展使生产分工从产业间分工深化到产业内分工、产品内分工，产业转移的方式也由产业链整体转移演变为产业内以及产品内某些生产工序和生产环节的转移。这一时期，日本企业以对外直接投资的方式向东亚地区选择性地转移部分不具有比较优势产品的生产，由此构筑了以日本为主导的生产联盟（Hatch and Yamamura，1996）。

产品内分工的兴起，促使东亚地区通过不同层次的产业转移形成东亚生产网络。东亚生产网络是产品内分工在东亚地区的扩展，是跨国公司在产品内分工条件下，在全球范围内以自身利益最大为目的，通过不同层次的产业转移进行资源最优配置活动的结果。东亚生产网络是跨国公司在跨国的生产活动和采购活动中自发形成的。国际生产网络中生产环节的产业转移，是产业转移的最新方式，是主导型跨国公司最大化自身利益的战略行为。

对外产业转移，是市场经济条件下的企业为了最大化自身利益而对生产布局进行主动战略性调整的行为，是一国工业化过程中产业结构调整引发的一种经济现象。对外产业转移不仅深刻地影响着东道国，也深刻地影响着母国。对母国而言，是实现母国比较优势的过程，同时，是生产能力的转移。对外产业转移会对母国劳动力的就业结构、母国生产结构以及贸易产品结构产生影响。中国20世纪80年代以来，一直处于产业转移承接国地位。目前，中国国内关于产业转移的研究大多着眼于对承接国的影响，以期通过发达国家的产业转移实现母国的生产结构调整。从经济现实来看，经济发展阶段提升以及比较优势的动态改变，中国部分产业已经开始对外产业转移的进程。1995年，联合国贸易和发展会议（UNCTAD）已经将中国列为进行大规模对外直接投资的国家。江小涓（2006）指出，中国对外开放已经进入了一个新的历史阶段，资金等要素的流动开始形成从单向流入转变为双向流动并重的格局，以"走出去"的方式进行产业转移已经成为中国企业所面临的现实。

在亚洲地区，日本是对外产业转移的大国。20世纪80年代，日本"雁行模式"的对外产业转移带动了亚洲"四小龙"的经济发展，促进了东亚区域经济发展。同时，在日本国内，一种观点认为日本的对外产业转移造成了日本经济的"产业空洞化"，尤其是"泡沫经济"崩溃以后，日本经济一蹶不振，2011年日本更是31年来首次出现贸易赤字。2008年金融危机之后，发达国家兴起"再工业化"思潮，开始反思对外产业转移对母国的影响。尽管如此，发达国家在国际分工中的地位仍然占绝对优势。以日本为例，用产品价格衡量，日本在国际分工中的地位仍处于世界前列（胡昭玲和宋佳，2013）；从贸易产品结构角度看，日本贸易产品的附加值远高于中国（关志雄，2002）。

关于对外产业转移对母国影响的研究文献丰富，大多集中于对外产业转移是否对母国经济体系产生负面冲击，主要就对外产业转移对母国的就业水平、贸易水平、生产水平等方面产生的影响进行量化分析，而较少涉及对母国经济体系的结构性影响（Ari Kokko，2000）。贸易产品技术结构的本质，是不同技术水平的贸易产品在数量分布上的结构。当生产分工结构由产业间分工深化到产品内分工时，会改变一国贸易中低技术水平产品和高技术水平产品的数量构成，从而引起贸易产品所在产业链技术结构上的向上发展（Z. Drabek and A. Smith，1995）。日本从20世纪70年代开始了大规模对外产业转移，日本的对外产业转移是否促进了日本贸易产品技术结构升级？日本的对外贸易从数量上看出现了赤字，这对贸易产品的技术结构又有怎样的影响？日本对外产业转移如何影响贸易产品技术结构调整，日本的对外产业转移基于怎样的机制实现结构调整？对这些问题的深入研究，有助于我们从对外产业转移的长期影响视角出发，评估对外产业转移对母国贸易产品技术结构的影响，为中国制定有效的经济对策提供借鉴。

二、选题研究意义

（一）选题的理论意义

关于对外产业转移对母国贸易影响的研究，在美国、日本以及欧洲学界一直都是热点。从理论框架上看，目前的研究大多分为两类。一类是基于传统经济学理论框架的研究，包括基于比较优势的传统贸易理论和发展经济学理论。传统贸易理论以蒙代尔（Mundell，1957）为代表，其在生产要素可以自由流动的 H-O 模型中，分析贸易和投资的相互替代关系。传统贸易理论主要从国家层面及产业层面分析对外产业转移对母国贸易量的影响。新经济理论的兴起，使得对外产业转移的研究角度从宏观转入微观。以赫尔普曼（Helpman，2004）为代表的新经济理论，将梅利兹（Melitz，2003）的企业异质性贸易模型引入对直接投资的分析，从企业异质性和收益递增角度对产业转移进行研究。企业根据利润最大化原则选择最优的国际化战略，企业间存在生产率的差异，其结果是生产率高的企业会进行对外直接投资，母国生产率低的企业在竞争环境下无法生存就会退出市场，促进母国经济体系的结构性调整。基于发展经济学理论的研究，以赤松要（1935）、小岛清（1978）、劳尔·普雷维什（Raul Prebisch，1949）、弗农（Vernon，1966）和刘易斯（Lewis，1954）等为代表。该理论以产业间分工为背景，主要从一国层面或区域产业层面的比较优势发展视角来研究产业转移的发生、影响及其变化趋势。另一种是基于新经济地理学的理论框架，以克鲁格曼（Krugman，1990）为代表，新经济地理学在经济学分析框架中加入空间地理因素，研究以资本流动方式进行的对外产业转移对母国和东道国不同的经济影响。新经济地理学理论主要从国家层面比较优势差别的角度，研究以制造业跨国资本流动为表现方式的对外产业转移对母国和东道国在比较优势、集聚性、区域经济均衡等方面的经济影响。

信息产业的兴起使国际生产分工深化到产品内，新时期的对外产业转移是某些产业或某些产品的生产环节和生产工序在世界范围内的转移。信息技术的兴起改变了资源禀赋的空间配置，对外产业转移成为资本通过全球流动寻求资源最优配置、谋求利益最大化的方式。从既有研究来看，在传统的国际贸易学和发展经济学框架下，关于对外产业转移对母国影响的理论框架并未包括空间地理因素，而禀赋空间配置的改变是新的产业转移区别于传统产业转移的重要特征。而利用新经济地理学理论分析对外产业转移对母国经济影响的模型，较少考虑母国经济的结构因素（Nicound，2002；Krugman，2004 等）。

本书试图在整合传统经济学和新经济地理学关于产业转移研究的基础上，将空间因素引入新经济地理学的垂直分工模型，以新经济地理学的理论框架来研究产品内分工背景下具有空间特征的产业转移现象。同时，本书利用日本对外直接投资的数据对该理论模型进行实证检验，分析带有空间因素的对外产业转移对贸易产品技术结构的影响及其机制。

贸易产品技术结构问题是学术界关于贸易理论和实践研究的前沿课题，而对外产业转移与贸易产品技术结构升级是当前理论研究和实践研究中相对薄弱的领域。对外产业转移对贸易影响的研究，主要集中于对贸易额的影响，用实证方法分析对外产业转移对贸易是促进效应还是替代效应。然而，对一国的经济发展而言，重要的不是出口多少，而是出口什么（Ari Kokko，2000）。对外产业转移对贸易产品技术结构的影响，具有十分重要的现实意义。关于对外产业转移对贸易影响的理论研究大多没有空间因素，本书基于新经济地理学垂直关联模型，引入对外直接投资，放松对技术对称的假设，在空间模型中分析对外产业转移对贸易产品技术结构升级的影响，更契合经济现实。

（二）研究意义

从 20 世纪 80 年代开始，日本的对外产业转移尤其是制造业对外转移一直处于上升趋势。其原因之一是，海外经济总量的增速超过日本本土，日本企业为了降低贸易成本、扩大海外市场，不断以水平投资的方式向海外投资。原因之二是，企业为了节约生产成本向海外进行垂直投资。日本企业的对外直接投资使其从海外生产中获得了大量收益、提高了国内生产部门的劳动生产率，同时，产品内分工型生产又带动了日本中间产品的出口，使得日本从对外产业转移获益颇多。此外，对外生产转移的不断进行，也使得日本面临国内市场萎缩、产业空洞化、某些产业技术水平被新兴市场国家赶超等危机。

既有关于日本对外产业转移对母国经济影响的文献，大多着眼于在就业、生产以及贸易方面日本对外产业转移对母国经济的影响进行量化，从数量角度分析对外产业转移对母国经济的影响。而对一国经济的长期发展起决定作用的是一国经济结构的改变或升级。从长期角度分析日本的对外产业转移对母国经济结构具有怎样的影响，对日本而言具有十分重要的现实意义。

随着经济发展阶段提升，中国在国际产业转移中的地位也处于从"承接者"向"转移者"转变的过程中。20世纪80年代以来，中国积极推进吸引外资的政策，在对外产业转移方面更多的是作为承接者，承接发达国家转移到中国的产业，促进中国的经济结构升级。随着经济发展水平的提高，中国对外开放进入了一个新的历史阶段，在"十五"计划初期，提出了"走出去"战略之后，中国的对外直接投资规模迅速增长，已经成为发展中国家中最大的投资母国之一。随着中国经济发展阶段的提高，"走出去"已经成为中国企业面临的现实问题。对外产业转移会给母国造成何种影响，在政策层面迫切需要明确，分析日本对外产业转移的得失与经验，对中国的"走出去"具有很强的借鉴意义。

2008年金融危机之后，以美国为首的发达国家开始反思"去工业化"，强调"再工业化"。20世纪80年代以来，欧美等发达国家将附加值较低的制造业进行对外转移，在国内主要进行附加值更高的服务业的生产，这就是"经济服务化"。从有关经济结构理论的观点来看，这一非理性的、"去经济中心"的过程，其结果就是虚拟经济在国内生产总值中的比重远高于制造业。从长期来看，在经济体系中占比过低的制造业无法支撑庞大的虚拟经济规模，2008年金融危机的产生是对外产业转移引起的国内经济结构失衡问题的必然结果。2008年之后，美国、英国、法国、欧盟、日本等国家或地区纷纷出台政策强调"再工业化"。"再工业化"战略从长期视角研究对外产业转移对母国贸易结构的长期影响，有助于把握产业对外转移对母国经济政策方向的影响。[1]

---

[1] 中文文献已经有了一些利用中国对外直接投资数据研究"走出去"对中国经济影响的文章。但是，和日本相比，目前中国的"走出去"还处于开始阶段，以中国较短时期的对外直接投资数据来研究对外产业转移对经济的长期影响，相对缺乏时间长度。

第二节 相关概念界定和本书结构安排

一、相关概念界定

(一) 对外产业转移

最早关于对外产业转移的定义来自布莱斯顿和哈里森（Bluestone and Harrison, 1982），认为对外产业转移是一国的生产能力广泛而系统性的撤退。当某些产业在发达国家经济体系中的重要性下降时，就需要将相对不再重要的产业转移到其他国家，以发展新的产业。布莱斯顿和哈里森（1992）着重从工业化的发展阶段角度，对于对外产业转移进行定义。小岛清（1989）从广义和狭义两个方面定义对外产业转移，认为广义的对外产业转移是指，一些产业的去工业化现象，而狭义的对外产业转移是指，某些产业对外国的直接投资，小岛清的定义将对外直接投资等同于对外产业转移。但是，对外产业转移与对外直接投资又无法等同，存在生产场所变更等典型特征。中村吉明和涩谷捻（1994）、伊丹敬之（2004）、伊藤元重（2005）、若杉隆平（2009）将对外产业转移定义为将一国生产地点转移到国外的对外直接投资。

电子信息产业的兴起使得国际分工模式发生改变，对外产业转移模式也发生相应的变化。格里·格里芬（Gary Gereffi, 1994, 1998）以全球价值链来说明新国际分工形势下，生产国际化和贸易全球化形成的复杂网络。许南和李建军（2012）指出，全球价值链体系中对外产业转移模式演变为跨国公司主导的集群式产业转移。对外产业转移不再是衰退产业或成熟产品的转移，而是某产业或产品中的不同要素密集型环节和工序的转移（张少军，2009），是产业价值链各环节在世界范围内的转移（吕政，2006）。

国际产业转移是经济全球化背景下世界产业分布格局在全球范围内调整的产物（张琴，2010），在开放经济环境下，国际产业转移的核心内容，是各种生产要素在不同国家和地区间的流动（张为付，2005；陈晓涛，2006；马子红，2008）。

从功能角度看，对外产业转移是指，影响一国资源供给、产品需求等的国内经济条件或者国际经济条件发生改变后，某些产业的生产从某一国家或地区转移到另一国家或地区的经济行为和过程。这是一个包含要素与商品跨国流动的综合性过程，会影响一国的投资活动与贸易活动。对外产业转移是形成国家间或地区间生产分工水平的重要因素，通过对外产业转移可以实现母国与东道国的产业结构改变（陈建军，2002）。

从宏观角度看，对外产业转移是某一产业、某一产品、某些特定生产工序在空间布局上的变迁（张少军和刘志彪，2009）；从微观角度看，对外产业转移是市场经济条件下企业自发的行为，是一国工业化过程中产业结构调整中的一种经济现象，其核心和实质是资本要素的跨国流动。随着国际分工的深化，对外产业转移定义的内涵和外延也在相应变化，本书基于对外产业转移的核心特征，将其定义为制造业的对外直接投资。

（二）贸易产品技术结构

1. 贸易产品技术结构概念

贸易产品技术结构是指，贸易的构成状况，即贸易活动各构成要素之间的比例关系及其相互联系，包括贸易活动主体之间、客体之间以及主体和客体之间的比例关系，主要表现为贸易方式结构、区域国别结构、商品结构等主要方面（臼井阳一郎，1994；成峰，1996；张曙霄，2002；刘渝琳等，2007；张友仁和夏小晶，2007）。研究视角和研究标准不同，贸易产品技术结构概念的内涵与外延，不可避免地存在较大差异。

贸易产品结构[①]是判断一国国际分工地位的经典指标，贸易产品结构的演进反映了一国经济发展路径和技术进步路径（金芳，2008）。但随着国际分工深化发展，在产品内分工条件下，出口国对进口中间投入品的大量使用使得贸易规模不能真实反映其国际分工地位，产生了统计

---

① 贸易产品结构是指，各种产品在进出口贸易中的比例关系，也被称为贸易商品构成。贸易产品结构是国际分工结构和国内产业结构在贸易中最直接的体现，是贸易模式的重要构成部分。贸易产品结构在很多文献中几乎成为贸易产品技术结构的同义词，是贸易产品技术结构相关研究中最受关注的主题。

假象问题（杨高举，2011；Srholec，2007；Mayer et al.，2002；Branstetter and Lardy，2006 等），这种条件下的贸易产品技术结构也难以反映国际分工的多层级性。

在贸易产品技术结构的测度方法上，传统的显示性比较优势指数和格鲁贝尔—劳埃德指数（G－L 指数）因未剔除进口中间投入品价值的出口数据，而难以避免统计假象问题。为了解决这一问题，关志雄（2004）、劳尔和张（Lall and Zhang，2006）、罗德里克（Rodrik，2006）、豪斯曼（Hausmann，2007）、杨汝岱和姚洋（2008）等基于贸易产品的附加值设计了产品技术水平指数，用以衡量一国贸易产品的技术含量。这一指数在关于产品内分工与贸易的研究中得到了广泛应用。罗德里克（2006）、许（Xu，2006，2010）、杨汝岱和姚洋（2008）、斯科特（Schott，2008）、王和魏（Wang and Wei，2010）、贾诺（Jarreau，2012）等基于这一方法做了大量衍生研究。本书中的贸易产品技术结构是指，基于贸易产品附加值的技术结构。

2. 贸易产品技术结构的计算方法

通常，贸易产品中使用了较高技术的产品具有较高附加值，使用了较低技术的产品具有较低附加值。关志雄（2002）、劳尔和张（2006）认为，附加值越高的产品来自高收入国家的概率越高，可以用出口国人均 GDP 的加权值代表产品的附加值，计算该国出口产品的技术附加值。罗德里克（2006）、豪斯曼（2007）对关志雄（2002）、劳尔和张（2006）的方法进行了修正，以各国出口产品的显示性比较优势为权重纠正了对小国的低估。本书采用修正后的附加值计算公式，见式（1－1）、式（1－2）。

$$\text{PRODY}_i = \sum_c \frac{x_{ci}/X_c}{\sum_c x_{ci}/X_c} Y_c \qquad (1-1)$$

$$\text{PRODY}_c = \sum_i es_{ci} \text{PRODY}_i \qquad (1-2)$$

在式（1－1）中，x_{ci} 表示国家 c 产品 i 的出口额；Y_c 表示国家 c 的人均 GDP 水平。

在式（1－2）中，PRODY_i 表示产品 i 的附加值；PRODY_c 表示国家 c 贸易产品技术水平指数；es_{ci} 表示国家 c 产品 i 的出口份额。

二、本书结构安排和主要结论

本书结构安排和主要结论具体如下。

第一章,导论。对于为什么要研究日本对外产业转移对母国贸易产品技术结构的影响进行了选题说明,介绍了本书的研究方法、创新点以及本书的研究意义,并对于对外产业转移的相关概念以及贸易产品技术结构的度量方法进行了界定。

第二章,文献综述。本章主要从四个方面对文献进行梳理。一是关于对外产业转移的理论研究脉络。其中,基于国际贸易理论的研究,在新经济理论兴起的影响下将对外产业转移的研究角度从宏观转入微观,使得对外产业转移对母国经济影响的分析更加精准。这种方法较多用于对母国影响的实证分析,使得研究结论具有可比性。而包含空间因素的区位优势理论,更多用于分析对外产业转移的动机,以及对外产业转移在国家层面上对母国和东道国影响的差异。二是关于对外产业转移对母国经济结构的影响。对外产业转移会通过对母国生产要素的重新配置影响母国的经济结构、就业结构、生产结构、技术结构。而本书定义的贸易产品技术结构,是对母国经济结构影响的一个衡量指标。三是关于日本对外直接投资对贸易产品技术结构的影响。中国国内的学者主要聚焦于日本对外产业转移对作为东道国的中国是否有正面影响,而日本学者的研究重点则偏向于对外产业转移对日本经济是否产生负面冲击。四是关于对外产业转移影响贸易产品技术结构机制的研究。对外产业转移主要通过国内生产部门生产率提高、生产网络的资源优化配置作用对母国的贸易产品技术结构产生系统性影响。

第三章,日本贸易结构演变情况。贸易产品技术结构演变,是包含比较优势和净出口能力变迁的动态过程。本章从比较优势和净出口能力两个维度分析日本贸易产品技术结构,并从静态和动态两个方面分析日本贸易产品技术结构变迁特征。本章设计了基于贸易产品附加值的比较优势指数,用以衡量在产品内分工条件下的贸易产品结构。从静态特征来看,2011年,日本处于绝对优势的贸易产品贡献了3/4的出口总量,日本的贸易产品在技术结构上仍处于优势地位。从动态特征来看,1997

年之后，日本贸易产品技术结构升级速度小于衰退速度，日本贸易产品技术结构呈现出恶化的趋势。主要原因在于，日本贸易产品存在较强的比较优势固化趋势，新兴市场国家的兴起和新产业的兴起使得全球贸易产品技术结构水平普遍提升，其结果是日本的技术优势相对于世界平均水平下降。2011年，日本贸易产品技术结构几乎达到优势地位的转折点，之后，日本将会面临更加严峻的贸易形势。

第四章，日本对外产业转移概况。本章分阶段介绍了20世纪70年代、20世纪80年代以后以及2008年全球金融危机之后日本对外产业转移的背景。日本对外产业转移提高了日本海外投资的收益率、扩大了日本的收入盈余。从动机角度看，日本对外产业转移的类型，正在从生产据点型向市场开拓型、当地调配型转型。

第五章，日本对外产业转移与贸易产品技术结构升级实证分析。本书以制造业的对外直接投资作为衡量产业转移的量化指标。本章基于豪斯曼（2007）的方法构建贸易技术复杂程度指数，作为贸易产品技术结构的衡量指标。本章采用行业面板数据，将1976~2011年的日本制造业分为八大主要产业，对产业层面的贸易产品技术结构指数和对外产业转移指数采用面板回归的方法进行分析。按照古河俊一和野田容助共（1998）的方法，对SITC Rev.2三分位数的贸易数据和日本对外直接投资的产业分类数据进行汇总。在实证分析时，按照不同产业技术结构指数的高低，将八大产业分为低技术水平产业、中技术水平产业和高技术水平产业三组，比较总体以及不同技术水平产业对外直接投资对贸易产品技术结构影响的差异。实证分析结果表明，日本对外直接投资促进了贸易产品技术结构升级，在中高技术水平产业尤其明显。

第六章，对外产业转移与贸易产品技术结构升级机制分析。本章以尼柯德（Nicoud，2002）的自由资本垂直流动模型为基础，引入产品内的垂直分工，分析不同技术水平生产部门的资本流动对母国贸易产品技术结构的影响。本章构建了两国两种要素三部门的模型，三部门分为农业生产部门、高技术水平的中间产品生产部门、低技术水平的最终产品生产部门。相同生产部门的资本可以在两国自由流动，中间产品生产部门和最终产品生产部门间的资本不能跨部门流动。产品技术壁垒的存在使得劳动密集型产品生产部门的资本不能流动到资本密集型生产部门，该假设更符合经济现实。不同技术水平生产部门的对外直接投资，可以通过在东道国的集聚效应、生产规模报酬递增、本地市场效应降低生产成本，优化资源配置，促进母国贸易产品技术结构调整。本章采用空间面板回归方法，建立基于地理距离的空间权重矩阵，实证检验了产品内分工条件下的产业转移影响贸易产品技术结构升级的机制。

第七章，结论与政策建议。本章总结了本书的主要研究结论，并基于中国对外直接投资的现状提出了政策建议。

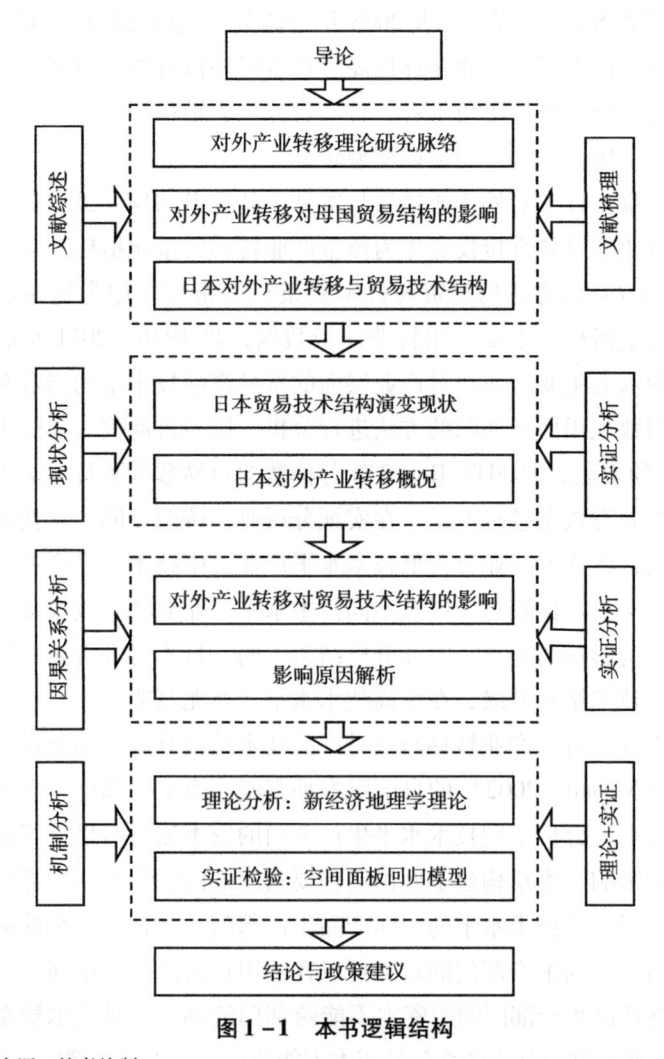

图1-1 本书逻辑结构

资料来源：笔者绘制。

第三节 本书的研究方法、创新和研究意义

一、本书的研究方法

本书试图从长期的角度揭示日本对外产业转移对母国贸易产品技术结构的影响，阐明对外产业转移影响母国贸易产品技术结构的调整机制，并通过实证数据对这一机制进行检验。具体而言，本书采用的主要研究方法有以下三种。

(1) 文献研读分析方法。本书在整理既有文献的基础上，对于对外产业转移的理论研究脉络进行梳理，对相关研究文献进行整合。在此基础上，对以制造业对外直接投资为表现方式的对外产业转移理论进行总结和归纳，提出在存在产品内分工的条件下，对外直接投资通过国际生产网络促进母国贸易产品技术结构升级的理论，以此作为本书的理论研究框架。

(2) 规范分析与实证分析相结合的研究方法。[①] 理论研究属于规范分析范畴，解决"应该是什么"的问题，说明某种经济现象是否属于某种价值规范。实证分析解决"实际是什么"的问题，对经济现象的发展情况进行客观分析。本书通过这两种研究方法，首先，对现实问题进行实证分析；其次，通过理论研究提出问题；最后，再通过实证分析对"应该是什么"做出实证检验。理论研究需要以实证研究为基础。本书首先，对日本对外产业转移以来贸易产品技术结构的演变情况进行客观分析；其次，通过实证模型检验对外产业转移对贸易产品技术结构的影响；再次，本书在前人研究的基础上，构建包含具有不对称技术水平的制造业部门和资本流动的新经济地理学垂直分工模型，对于对外产业转移影响母国贸易产品技术结构的机制进行理论分析；最后，通过实

[①] 规范分析和实证分析的划分体现了经济学发展过程中的普遍性规律，在运用过程中，往往需要将这两种方法结合起来。理论研究应该以实证分析为基础，实证分析需要以理论研究为指导。

证模型，对日本对外产业转移影响母国贸易产品技术结构的机制进行实证检验。本书综合运用实证分析方法和理论研究方法，将对客观经济现实的准确分析和合理的理论研究紧密结合，力图对经济现实问题做出合理解释。

（3）计量分析。实证研究采用的计量方法紧跟学术界关于对外直接投资的最新导向，采用常规的面板数据回归分析技术，在关于对外产业转移影响贸易结构机制的实证研究中，运用先进的空间计量经济学的研究方法，如空间面板滞后模型方法。当因变量存在空间相关性时，空间面板回归模型可以避免因空间相关性产生的偏误。本书将空间面板回归模型引入对贸易技术结构的分析，有助于缩小对外直接投资空间相关性产生的偏误，做到对模型参数的有效估计。

二、本书的创新和不足

本书的创新点主要有以下三个方面。

（1）选题和研究角度的创新。从选题来看，虽然国内外已有关于产业转移对母国的影响的大量研究，但关于产业转移对母国贸易技术结构的影响，是既有研究中一个相对薄弱的领域，相关研究多集中于产业转移对母国贸易数量的影响，用国家层面、产业层面、企业层面的数据对这一影响进行实证检验，还有部分研究集中于产业转移对母国和东道国分工结构的影响。对一国的贸易而言，重要的不是出口数量而是出口结构。本书采用具有长期可追溯性的贸易结构衡量指标，从长期角度分析产业转移对贸易结构的影响。希望借助于对日本长期产业转移对母国贸易结构影响的分析，客观揭示产业转移对母国经济结构的影响，为中国下一步的"走出去"提供经验。

（2）研究方法的创新。本书从贸易产品技术水平和净出口能力两个维度定义日本的贸易结构，并从动态和静态两个角度，对20世纪70年代以来日本贸易结构的演变情况进行实证分析。对产业转移对于母国贸易结构的理论分析框架，采用的是新经济地理学的理论框架。研究产业转移对母国的经济影响的既有文献或采用国际贸易理论框架、未曾考虑产业转移的空间因素，或采用新经济地理学的模型、未曾考虑经济的结构影响。本书基于新经济地理学模型，构建了包含不同技术水平工业生产部门的两国模型，是本书在理论方面的创新点。本书采用空间计量模型分析对外产业转移影响母国贸易结构的机制。空间面板回归技术是近些年发展起来的新型计量经济学工具，相对于传统的面板数据回归方法，此方法可以将空间因素纳入经济计量分析，尤其适用于带有空间因素的产业转移问题。

（3）观点的创新。中国国内关于对外产业转移的研究，自20世纪80年代以来研究方向主要集中在如何承接发达国家的产业转移，利用跨国公司直接投资的溢出效应来促进中国经济结构转型与产业结构升级。跨国公司会采取各种措施防止核心技术外溢，保护自身在核心技术上的垄断性优势。从既有研究来看，跨国公司的直接投资对中国经济的溢出效应并不明显，中国在全球价值链网络中仍然处于较低位置。本书以日本为研究样本，利用日本对外直接投资和贸易技术结构的长期数据，发现日本通过对外直接投资构建国际生产网络，实现资源的最优配置，通过资本和创新的循环累积作用和对外直接投资的集聚经济性，促进母国贸易技术结构升级。从经济发展的阶段性来看，利用跨国公司对中国直接投资的溢出效应实现中国经济结构转型已经遇到了瓶颈，从发展水平来看，中国经济已经到了"走出去"的阶段。在全球价值链分工背景下，中国企业的"走出去"应该借鉴日本构建国际生产网络的经验，一方面，通过对外直接投资扩展中国的价值链并提升中国在国际生产网络中的分工地位；另一方面，完善并延长中国国内的价值链体系，构建能够实现本国最大利益的国际生产网络和国内生产网络，利用对外直接投资实现中国在全球价值链中地位的"构建式"升级。

本书主要不足之处在于三点：（1）由于数据可得性的限制，在对日本产业转移的经济影响进行分析时无法从微观角度进行企业层面的分析，而是采用了产业层面的数据；（2）关于产业转移对母国经济结构的影响本应包括对母国生产结构的影响，但由于篇幅以及时间的限制，本书尚未在此方面进行深入研究；（3）本书力图通过对日本产业转移的经验分析提出可供中国借鉴的经验和教训，但由于研究能力以及时间的限制，尚未将中国目前产业转移所处的阶段以及特征与日本进行对比分析。

第二章

文 献 综 述

对外产业转移是一国在开放经济条件下进行生产结构调整而引发的经济现象,是开放宏观经济学的重要研究内容。对外产业转移作为一种在全球化背景下普遍存在的经济现象,受到众多领域学者的关注。对外产业转移的研究内容,包含宏观资本流动、微观经济机制分析、企业竞争优势、国际贸易、产业结构调整和最新的经济计量分析手段等,涉及宏微观经济学、管理学、国际贸易理论、产业经济学和计量经济学等众多学科。随着当代国际分工深化到产品内,以跨国公司为主体进行的对外产业转移成为世界经济中普遍存在的现象。随着全球化的进一步发展,对于对外产业转移的研究将会更加广泛而深入。本章将从概念界定、对外产业转移理论研究脉络、对母国经济结构的影响以及日本对外产业转移研究等方面的既有文献进行梳理,为本书的进一步研究奠定基础。

第一节 相关概念界定

一、对外产业转移概念界定

对外产业转移经常与对外直接投资联系在一起,学者们出于不同的研究视角和研究目的,对于对外产业转移有不同的解读,对外产业转移并无明确而统一的定义,在概念界定上稍显模糊。

最早的关于对外产业转移的定义来自布莱斯顿和哈里森(1982),

认为当某些产业在发达国家经济体系中的重要性下降时，需要将相对不重要的产业转移到其他国家，以发展新的产业。因此，对外产业转移是一国的基础生产能力从母国向另一国广泛而系统性地转移。布莱斯顿和哈里森（1982）着重从工业化发展阶段的角度定义对外产业转移，但是，这种定义方法的缺点是，切入角度过于宏观，无法用于衡量某一具体产业的对外转移。

对外产业转移是一国宏观经济角度上基础生产能力的转移，更是某些具体产业的生产能力在不同国家之间的转移。20 世纪 80 年代以后，日本开始了对外产业转移的热潮，这一时期，日本对外产业转移主要发生在部分产业。为了扩展对外产业转移的研究范围以便于进行量化分析，小岛清（1989）基于这一时期日本对外产业转移的起因、方式等主要特征，从广义和狭义两个方面对于对外产业转移进行了定义。小岛清（1989）认为，广义的对外产业转移是指，一些产业的去工业化现象，而狭义的对外产业转移是指，某些产业对外国的直接投资。小岛清（1989）的定义，将对外直接投资等同于对外产业转移。相对于布莱斯顿和哈里森（1982）的定义，小岛清的定义既将对外产业转移范围扩展至产业，又在量化分析方面更具可执行性。从分工水平的角度来看，这一时期的对外产业转移主要基于产业间的分工和产业内的分工。

实际上，对外产业转移存在生产场所变更等典型特征，与对外直接投资无法等同。因此，日本学者中村吉明和涩谷捻（1994）、伊丹敬之（2004）、伊藤元重（2005）、若杉隆平（2009）将对外产业转移定义为将一国的生产地点转移到国外的直接投资。日本经济学家中村吉明、涩谷捻（1994）之后的学者大多采用这一定义。然而，这一定义并未考虑到转移产业与未转移产业之间的差异，作为一种补充，东京商工会议所（1994）从产业国际竞争力或技术水平差异的角度，将对外产业转移定义为没有国际竞争力的制造业向海外转移或者从母国市场撤退的经济现象。

在国际碎片化生产和全球价值链越来越重要的背景下，对外产业转移的定义又增加了外包的内容（Lipsey，1995；Harrison and McMillan，2006）。在商业模式的改变上，《商业周刊》（2006）（*Business Week*，2006）认为，对外产业转移主要指，一些公司不从事实物生产而将产品生产过程放到低成本国家，在母国主要从事市场运作、销售产品的经济现象。这种定义同样只是针对了具体的商业模式，显得过于狭义。

综上可以看出，研究者从不同角度出发，给予对外产业转移不同的定义，日本经济学家樱健一和岩崎雄豆（2012）在对诸多文献进行总结的基础上，从对外产业转移产生的本质角度，将对外产业转移的概念定义为，以国内生产的海外替代品为目的的生产活动。这种定义方法注重从企业生产地变化的角度定义对外产业转移，这种定义下对外产业转移的方式既包括直接投资方式，也包括外包生产方式。国内生产活动的海外替代除对外直接投资之外，还存在其他方式，例如，将本企业的生产外包给其他公司（arm's-length offshoring），也指为了扩大他国市场份额而用海外生产代替母国生产。

从上述定义可以看出，对外产业转移的内容与生产分工的深化程度相关，当生产分工由产业间深化到产品内时，对外产业转移的定义也由产业链整体的转移发展为产业内或产品内生产环节以及工序的转移。对外产业转移与生产分工水平具有密切的关系，参考樱健一和岩崎雄豆（2012）的定义方法，出于实际数据可得性和便利性的考虑，本书将对外产业转移的概念界定为制造业的对外直接投资。

相对既有的对外产业转移的定义，本书的定义方法具有三个优点：一是具有数据可得性的便利，通过世界银行和日本银行国际收支平衡账户的数据，可以方便地得到其他国家以及日本对外直接投资的历史数据和年度数据；二是将对外直接投资限定于制造业范围，可以把握对外产业转移的重要特征——生产转移；三是本书的定义方法涵盖了不同分工水平条件下对外产业转移形式的差别，可以作为不同分工水平条件下的对外产业转移的衡量指标。本书定义方法的主要缺陷，是排除了以外包形式进行的对外产业转移，研究范围主要是以对外直接投资方式进行的对外产业转移。

二、对外产业转移与对外直接投资

从对外产业转移定义的发展阶段来看，对外产业转移和对外直接投资既有联系又有区别。从经济发展的角度看，对外产业转移是指，某一国家的国内经济条件或者国际经济条件使得该国资源供给、产品需求等经济因素发生改变，某些产业的生产在该国不再具备比较优势，该产业的生产从某一国家转移到另一国家的经济行为和过程。这一转移过程包含生产要素和商品的跨国流动，通过跨国投资、跨国生产等方式，影响一国的投资与贸易活动。

当分工处于产业间分工、产业内分工、产品内分工等不同分工水平时，对外产业转移这一经济概念所包含的内容、实现方式有所不同。在开放经济条件下，对外产业转移的核心内容是各种生产要素在不同国家和地区间的流动过程（张为付，2005；陈晓涛，2006；马子红，2008）。当前的国际产业转移，是在当前的国际分工水平下，在当前的经济全球化条件下，为了达到资源最优配置，世界产业分布格局在全球范围内调整的产物（张琴，2010）。通过对外产业转移可以影响母国与东道国的产业结构，对外产业转移决定是影响国际或地区间生产分工水平的重要因素（陈建军，2002）。

对外产业转移既是一种宏观经济现象，也是一种以企业为主体的微观经济行为。从宏观角度看，对外产业转移表现为某一产业、某一产品、某一产品特定生产工序在空间布局上的变迁（张少军和刘志彪，2009），这在美国、欧洲、日本等发达国家和地区都曾经出现过。从微观角度看，对外产业转移是以微观企业为主体的，在市场经济条件下进行的企业自发的跨国投资行为。这一行为的结果引起一国的产业结构调整，进而影响该国的工业化进程。无论从宏观角度还是从微观角度，对外产业转移这一经济现象的核心和实质都是用于生产的资本要素的跨国流动。对外产业转移可以运用跨国资本要素流动数据，即运用对外直接投资数据进行分析。

张琴（2010）指出，国际产业转移是经济全球化背景下世界产业分布格局在全球范围内调整的产物。在开放的经济环境下，一国或地区的产业体系与世界产业体系的变动紧密相连。一国产业结构的调整，产业竞争优势的建立已不再仅取决于母国市场和生产要素的约束，而更多地取决于全球生产体系的变化与调整。一国对外产业转移的核心内容，是各种生产要素在不同国家和地区间的流动，从本质上说，对外产业转移是一种生产要素综合体的移动，即带有技术及知识的资本流动（陈建军,2009)。对外产业转移表现在微观层面,是企业的跨区域发展和产业链的空间布局与空间协作。对外产业转移是一个以制造业的资本流动为表现方式的生产要素流动过程,其目的是通过跨区域的生产要素组合,实现生产过程的资源最优配置(王文成等,2004)。

对外产业转移属于国际直接投资(FDI)的一种。关于 FDI 有两种典型定义。1985 年,国际货币基金组织(IMF)将 FDI 定义为"一种国际投资,该投资的目的是获得企业长期的经营控制权"。1996 年,经济合作与发展组织(OECD)对 FDI 的定义为:"一个国家的居民或企业与处于另一个国家的企业建立长期的合作关系,并掌握企业经营控制权的投资行为。"

对外直接投资是获得企业经营控制权的一种经济行为,对外产业转移是开放经济条件下将母国生产转移到东道国的直接投资行为。对外直接投资不仅包括制造业的对外直接投资,还包括非制造业的对外直接投资。按照本书的定义,对外产业转移是制造业的对外直接投资,是对外直接投资的动力或者本质。

第二节 对外产业转移理论研究脉络

对外产业转移是全球化条件下以跨国公司为主体的经济行为,21世纪以来,跨国公司的迅速发展使得对外产业转移成为世界经济中普遍存在的一种经济现象。对外产业转移的理论研究范围,不仅涵盖国际贸易理论、发展经济学的传统经济学领域,还扩展到新经济地理学范畴。本节概要性地梳理对外产业转移的理论研究脉络,并对产品内分工以及价值链分工背景下的对外产业转移理论的研究方向进行展望。

一、基于传统经济学的理论研究脉络

(一)基于国际贸易理论的研究

对外产业转移基于国际贸易理论的研究,主要是在国际贸易理论框

架下，从商品流动（国际贸易）和生产要素流动的角度，分析对外直接投资的决定性因素和对外直接投资与国际贸易的关系。

20世纪80年代之前，国际贸易理论认为，两国间要素禀赋的差异是国际资本流动的根本原因，一国根据比较优势或要素禀赋差异进行对外产业转移，可以在贸易上得益。该理论可以追溯到大卫·李嘉图、赫克歇尔和俄林的传统贸易理论，资本从利润率低的资本丰裕的国家（母国）流动到劳动力丰裕的国家（东道国），母国劳动者收入减少、企业收益增加，最终结果是国民收入改善。对外产业转移促进母国资源（劳动力和剩余资本）在不同产业间重新配置。具有代表性的文献是蒙代尔（1957），运用存在贸易壁垒、生产要素可以自由流动、具有相同的生产函数和消费偏好的标准 $2 \times 2 \times 2 H-O$ 模型进行分析，认为当存在运输成本时，某一产业的对外直接投资和国际贸易是完全替代的关系。布莱彻-迪亚斯（Brecher-Diaz, 1977）和三边信夫（Nobuo Minabe, 1974, 1981）改变了蒙代尔（1957）模型的假设条件，发现还存在生产税、垄断市场结构、外部规模经济、两国生产函数不相同等条件下，对外直接投资和国际贸易是互补关系。

20世纪80年代之后，跨国公司大量出现，学术界开始分析以跨国公司对外直接投资形式出现的资本流动，主要研究方向是对外直接投资的诱因以及对外直接投资与国际贸易的关系问题。马库森（Markusen, 1984）、马库森和维纳布尔斯（Markusen and Venables, 1998）指出，当两国具有相似的要素禀赋和相近的市场规模时，以跨国公司对外直接投资方式进行的对外直接投资与母国对东道国的国际贸易是替代关系。这一结论与蒙代尔（1957）的模型结论一致。然而，实际对外直接投资很难对水平型对外直接投资和垂直型对外直接投资进行完全区分。马库森（1984, 2002）、马库森和维纳布尔斯（1998）提出了综合一体化型对外直接投资的概念。马库森（2002）的研究假设是，不同生产部门的要素密集度不同，把不同类型的对外直接投资纳入同一理论体系。该文献假设，总部服务和实际生产活动具有不同的要素密集度，建立知识资本模型（knowledge capital model），国家间生产领域资本的流动过程也是知识资本的流动过程。这里的知识资本是指，跨国公司在新产品开发、生产管理、市场服务等方面所具有的垄断性竞争优势，知识资本可以通过跨国公司在国外建立子公司而跨国流动。模型中的跨国公司为了最大化自身利润，根据不同东道国的资源禀赋特征进行水平型对外直接投资或垂直型对外直接投资。

新经济理论的兴起，使得对国际贸易理论的研究角度从宏观转入微观，研究方向仍然是对外直接投资的决定因素及与国际贸易的关系问题。新经济理论将梅利兹（2003）的企业异质性贸易模型引入对外直接投资决定问题的分析（Grossmann and Helpman et al.，2002，2004，2005），从企业异质性和收益递增的角度对于对外产业转移进行研究。具有异质性的企业根据利润最大化原则选择最优的国际化战略，企业间存在生产率的差异，其结果是生产率高的企业会进行对外直接投资，生产率低的企业在竞争压力下在母国无法生存就会退出市场。流出的劳动力为寻求在劳动生产率高的企业重新就业，会提高技能从而改善劳动收入。将企业异质性贸易模型用于研究水平型对外直接投资和垂直型对外直接投资，需要对国家对称性进行设置。研究水平型对外直接投资可以通过设定对称的两国进行（Helpmann，2004），研究垂直型对外直接投资可以通过设定不对称的两国来进行（Antras and Helpman，2004）。

全球化条件下跨国公司对外直接投资行为的发展，使得对于对外直接投资决定因素的分析转向更加微观的角度。贝尔纳和詹森（Bernard and Jensen，2007）比较了贸易型跨国公司和非贸易型跨国公司在经济行为方面的差异，在标准的厂商异质性贸易模型中分析差异对跨国公司投资决定以及跨国公司生产行为的影响。安特拉斯和赫尔普曼（Antràs and Helpman，2006）、内森·努恩（Nanthan Nunn，2007）分析了跨国公司之间供应采购的关系、非正式合同对跨国公司投资行为和贸易行为的影响，认为跨国公司之间的合同约束解释了母公司和子公司之间生产资本和人力资源的流动。陆（Lu，2012）将投资风险因素引入对投资决定影响的分析，认为虽然具有技术优势的厂商通过投资于低劳动成本的国家可能获利，但是，也要承担投资失败的风险。

新经济理论的应用，使得对于对外产业转移经济效果的分析从宏观进入微观。进行对外产业转移的主体是具体企业，以企业为研究对象可以厘清对外产业转移对经济产生影响的具体机制，而且，通过不同参数的设置可以找到总量"黑箱"之内产生作用的机制。全球化条件下跨国公司投资行为的新特征,被引入对直接投资决定问题的分析。以国际贸易理论框架对于对外产业转移进行的理论研究,随着经济学工具的发展从宏观转向微观。就目前的研究倾向来看,主要侧重于从微观角度对于对外直接投资的决定因素以及对外直接投资与国际贸易的关系问题进行精确的实证性检验和机制分析。

(二) 基于发展经济学的研究

早期的对外产业转移主要发生在发达国家和发展中国家之间,因此,对外产业转移无可置疑地成为发展经济学的重要研究对象。在发展经济学的研究文献中,赤松要(1935)、小岛清(1978)、劳尔·普雷维什(1949)、弗农(1966)、刘易斯(1954)等基于产业发展周期视角,从国家层面和区域层面来研究对外产业转移的发生、发展及变化趋势。

赤松要(1935)提出的雁行形态理论,是关于对外产业转移最早的系统性理论。该理论指出,一个国家的特定产业遵循"进口—国内生产—出口—(再)进口"的过程,反映了一国比较优势产业根据要素禀赋和要素价格的变迁,其实质是东亚地区先进国家和后发国家之间的梯级产业传递和吸纳的动态过程。这种动态过程促成了东亚地区各国间产业结构的依次调整和高级化,带动了东亚地区的经济发展。但是,雁行理论忽视了后起国家产业结构高级化之后的禀赋结构改变和产业转移的多层次性,因此,东亚后起国家的经济发展,宣告了"雁行模式"的终结。[1]

弗农(1966)从产品生命周期的角度提出国际产品生命周期理论,阐述某一产品的生产在发达国家和发展中国家转移的过程。该文献从比较优势的动态转移角度,将国际贸易与国际投资结合起来考虑企业的跨国经营行为,论述了随着美国式跨国公司的阶段性发展,对外直接投资替代出口的具体过程。在产品标准化阶段,对外直接投资对母国具有贸

---

[1] 2001年5月18日,日本内阁会议在2001年度《通商白皮书》中明确指出,以日本为领头雁的东亚经济"雁行发展"时代已经结束,代之的是"后雁阵模式"时代或"群马模式"时代。

易创造效应，引起母国对东道国标准化阶段产品的进口及东道国标准化阶段产品出口的增加，其结果是世界贸易总量增加。对外直接投资的贸易效应，随着产品阶段的不同而动态变化。产品生命周期理论将对外直接投资对国际贸易活动的动态影响纳入统一的理论框架，对外直接投资不是简单地促进或者降低母国贸易水平。对外直接投资所生产产品的特性、区位特征、东道国市场情况等诸多因素，决定对外直接投资的产品生命周期阶段，对外直接投资对贸易的具体影响由产品生命周期阶段所决定。产品生命周期理论的基本思想，被格罗斯曼和赫尔普曼（Grossman and Helpman，1991）模型化。产品生命周期理论，一方面，考虑了进口和出口两个要素；另一方面，考察了一国贸易结构的动态演变过程。

小岛清（1978）综合雁行模式理论和产品生命周期理论，基于国际贸易的比较优势理论，提出边际产业转移扩张理论。小岛清在动态、不均衡的框架中提出，各产业的利润率不同使某一产业的厂商在经历了一个利润率高速增长阶段之后，因为国内比较优势的改变，原有的利润率会降低，所以，在原产业的生产方面失去比较优势。绝对利润率和比较优势的改变具有一致性，当这些产业在国内经历具有比较优势的阶段之后，产业内的厂商会因失去比较优势而对外投资。对于对外产业转移的母国来说，处于相对劣势的"边际产业"在东道国可能具有比较优势，母国对外产业转移应当按照产业的边际顺序逐步进行。小岛清（1978）引入了无形资本的概念，认为在国内失去比较优势的厂商进行对外产业转移，可以利用原有的无形资本。小岛清之前的理论并未解释为什么失去比较优势的企业没有转向国内利润率高、具有比较优势的产业，而是进行对外直接投资。

劳尔·普雷维什（1949）基于发达国家和发展中国家在生产结构上存在很大差异，提出"中心－外围理论"。刘易斯（1954）从二元经济角度，解释产业在发达国家、发展中国家以及发展中国家之间的转移过程。邓宁（Dunning，1988）使用67个国家的实证数据发现，一国直接投资的流出量或流入量由该国的经济发展阶段所决定。一国的企业是否进行对外直接投资受该国的国家因素、该企业所处的行业因素以及该企业的自身因素三种因素的影响。邓宁（1988）根据一国经济发展水平的不同将对外直接投资大致分为五个阶段，是否进行对外直接投资由该国所处的经济发展阶段所决定，这也被称为投资发展周期。普雷托什（Prehisch，1962）从产品需求条件的角度，解读发达国家和发展中国家的"中心－外围"关系。普雷维什（1962）认为，从世界经济角度看，发展中国家在工业产品生产上不具有比较优势，只能主要出口初级产品，在全球经济中处于"外围"地位。初级产品需求弹性低，发展中国家持续出口初级产品的结果是贸易条件恶化，不得不继续进口工业产品。发达国家和发展中国家在贸易产品上不对称的产品需求条件，使发展中国家贸易条件恶化，是产生对外产业转移的根本原因。

20世纪80年代以来，产品内分工与产品内贸易兴起，一些生产技术水平较低的发展中国家开始生产并出口技术水平较高的贸易产品，发达国家与发展中国家的生产和贸易在国家层面的差异日趋缩小，更多体现为二者的企业在价值链分工环节所处地位的差异。国际生产分工从原来的基于各国资源禀赋状况的分工，逐渐演变为以跨国公司为载体、基于价值链的生产环节的分工（袁堂军，2013），不同国家间的生产通过价值链分工的交错形成全球性的生产网络。国与国之间分工的差异，日益体现为在跨国生产网络中各自所处生产分工环节的差异。对于这些新经济现象，发展经济学的理论研究框架不再适用。

二、基于新经济地理学的理论研究脉络

产品内国际分工把分工深入推进到产品的生产工序、生产环节，通过跨国生产转移，为了实现资源最优配置，把不同工序或不同环节的生产活动在空间上分布于不同国家进行（刘志彪，2012）。索雷利（Thorelli，1986）、伯鲁斯（Borrus，1997）、格里·格里芬（1999），诺里亚和戈沙尔（Nohriaand and Ghoshal，1997）指出，企业最有效的资源配置需要在全球范围内分解、布局价值链，以实现对所需资源的整合。对外产业转移与空间因素密不可分。19世纪90年代以来，以克鲁格曼为代表的经济学家重新审视空间因素，把空间经济因素纳入传统经济学研究框架，构建了新经济地理学的理论框架，克服了传统经济学忽视空间因素、地理因素的局限性。新经济地理学的理论框架，将对于对

外产业转移的研究扩展到对外产业转移对母国的影响，主要从国家间比较优势变化的角度研究对外直接投资对母国或东道国的贸易影响。

P. 马丁（P. Martin, 1995）、鲍德温（Baldwin, 2003）、罗伯特（Robert, 2005）等提出自由资本模型，讨论资本收入回到母国消费从而对母国经济和东道国经济产生的影响，该模型中转移出的产业在东道国聚集，产生市场临近效应，通过这一效应影响母国经济。格罗斯曼和赫尔普曼（1992）、古俊（Koo, 2005）等提出知识溢出双增长模型，该模型包含三个部门和两种要素。知识和技术的积累对部门生产具有外部性，以前的知识和技术对现在和将来的技术创新行为具有促进作用，能够降低技术或产品的创新成本。技术进步由资本积累所决定，投资会产生溢出效应，进行投资的厂商可以通过积累投资提高生产效率。

克鲁格曼和维纳布尔斯（Krugman and Venables, 1995）、藤田和克鲁格曼（Fujita and Krugman, 1999）、尼柯德（2002）在企业间存在垂直关联的框架下，讨论资本流动对母国和东道国产生的经济影响。克鲁格曼（1995）、藤田（1999）在克鲁格曼（1992）的核心—边缘模型中引入企业间的垂直关联。尼柯德（2002）提出自由资本垂直流动模型，该模型向自由资本模型中引入企业间的垂直关联，从资本流动和企业间垂直关联两方面分析资本流动对母国和东道国的影响。资本所有者为了追求更高的利润选择投资区域，致使企业间的相互采购关系产生前向关联和后向关联，其中，因接近中间产品供应商而产生前向关联，因企业间相互采购其他企业产品作为中间投入产品而产生后向关联。

布兰纳德（Brainard, 1993, 1997）以"临近—聚集"（proximity-concentration trade off）理论研究投资与贸易的关系，该理论将跨国公司的区位选择与国际贸易理论联系在一起。该理论认为，对外直接投资的固定成本由东道国市场规模、与东道国的空间距离、东道国产业集聚程度以及投资企业的规模经济性所决定。跨国公司在考虑对外直接投资异国选址问题时，需要分析东道国的市场因素和相关厂商集聚因素，评估给投资行为带来利益的高低。邻近东道国市场可以降低运输成本、规避贸易壁垒，而与其他厂商集聚可以共用生产性服务业、降低生产成本，产生规模经济优势。

安果和伍江（2012）基于斯宾格勒（Spengler, 1950）的纵向博弈模型，引入产品内分工，通过上下游企业技术供求关系的垂直关联分析跨国公司的产品内分工对东道国技术扩散的影响，认为如果上游企业的研发成本很高或存在进入门槛，则上游跨国公司存在向东道国下游企业转移技术的激励；如果上游企业技术研发成本低或不存在进入门槛，则上游跨国公司不存在向东道国下游企业转移技术的激励。

李宏艳（2008）在 D-S 框架下，建立具有垂直关联因素的新经济地理学模型，分析垂直分工的深化对一国垂直专业化地位的影响，以及对参与国福利的影响。该模型主要用来分析垂直专业化分工对国际生产和国际分工稳定均衡点的影响，发现随着垂直专业化分工的深化，同一产业的低端中间产品生产环节向发展中国家转移后，发达国家更加集中于研发、设计等高端生产环节。

这些基于新经济地理学的理论模型，主要用来分析对外产业转移过程中产生的产业集聚现象，新经济地理学把经济空间高度抽象为同质平面，从没有任何外生差异的前提条件出发讨论经济空间的内生演化。这些模型中的资本是同质的，两国不存在技术差别，不包含工业品技术的异质性。对外产业转移是资本在其他区域聚集的自我累积过程，这一过程伴随着产业扩张以及人口集中。企业和家庭根据理性预期，在不同的时点修正既有选择，也是经济体系向均衡趋近的过程。对外产业转移的基本特征，是包含空间因素的生产要素的跨区域流动。而研究新经济地理学关于产业转移的理论模型，主要用于分析产业集聚问题，无法用于对经济结构问题的分析。

三、全球化条件下对外产业转移研究的新方向

电子信息产业的兴起使得国际分工模式发生改变，垂直分工型生产模式兴起（新宅纯二郎，2006）。格里·格里芬（1994，1998）基于全球价值链来说明在新国际分工形势下，生产的国际化和贸易全球化形成的复杂网络。全球化生产网络中的对外产业转移模式，演变为跨国公司主导的集群式产业转移模式（许南和李建军，2012）。张少军（2009）指出，新的对外产业转移是某产业或产品中的不同要素密集型环节和工序的转移，产品价值链被分解成若干独立环节并分布到全球范围，跨国

对外产业转移表现为生产环节的对外转移。基于新的垂直分工特征，对外产业转移不再是衰退产业或成熟产品的转移，而是低附加值型产品、环节的转移。在这种背景下，跨国对外产业转移已经转变为产业价值链各环节在世界范围内的转移（吕政，2006）。

在新的时代背景下，对外产业转移和空间因素密不可分。新技术的兴起改变了禀赋的空间配置，资本可以全球流动寻找资源的最优配置，谋求利益最大化。对外产业转移是在新经济条件下，发达国家的资本为实现利益最大化而主动进行全球范围内资源最优配置的经济行为。东亚地区通过原材料、零部件贸易，随着对外产业转移，推进组装加工等分工形态的不断深化，形成面向欧美市场、出口不断增长的东亚生产网络，产品和零部件贸易占东亚地区贸易比重的六成。以生产过程的国际分工深化（垂直化）为背景，零部件中间产品的双向贸易扩大，各个国家间通过生产关系、贸易关系，形成复杂的生产网络。生产网络之中既有传统产业的对外转移，也有新兴产业的加工组装部分的对外转移。在包含空间因素的经济学框架之内，对于对外产业转移对母国的经济影响进行分析，是具有理论意义和现实意义的研究方向。

第三节 对外产业转移对母国贸易结构的影响

对外产业转移随着分工的深化而呈现出不同的特征，引发不同的经济现象，给母国和东道国带来不同的经济影响。关于对外产业转移，目前，国内的研究主要集中于对外产业转移的性质、路径以及对东道国的影响。从本质而言，对外产业转移是市场经济条件下的企业在国内外生产经营环境改变之后，为维持经济利益而自发进行生产资源的全球配置活动，因而对外产业转移必将对母国经济产生影响。本节主要对分析对外产业转移对母国经济结构影响的文献进行梳理。

一、对外产业转移与母国经济结构

经济结构是指，一个国家的产品和贸易相对于其他国家的差异程度

(Baxter, 2003)。目前的文献关于对外产业转移对母国经济结构的影响主要集中在三个方面：对母国就业结构的影响、对母国产出结构的影响、对母国生产技术结构的影响。

（一）对母国就业结构的影响

就业结构是产业结构的衡量指标之一。熊彼特（Schumpeter, 1912）指出，产业结构变迁是一个"创造性破坏的过程"，产业结构的调整一方面，伴随着生产要素从低生产率部门向高生产率部门的再配置，通过加速新兴行业的发展增加对劳动力的需求；另一方面，伴随着各产业产出的剧烈变动，低劳动生产率部门的衰退造成失业。艾根格尔（Aigenger, 2001）将这种产业结构的双向调整区分为主动调整和被动调整。而长期的繁荣，取决于生产结构迅速调整的能力（Glaese, 2002）。

理论上，对外产业转移可以将生产率低的产业转移到国外，引起母国资源的重新配置，劳动者可以进入劳动生产率更高的企业就业，比如，对外产业转移可以使母国公司创造与转移生产相关的资本品供给岗位或中间产品供给岗位，可以扩大研发（research and development, R&D）部门和市场部门的就业，还可以催生新的高劳动生产率的产业、创造新的就业（Kokko, 2006; Lipsey, 2004）。

关于对外产业转移对母国劳动市场的影响研究，最初是利用总量数据和产业层面数据进行分析，分析结果难以揭示对外产业转移的"净"影响。2004年以来，以新经济理论为基础、利用企业层面数据，分析企业的对外生产转移对母国劳动市场影响的方法得到了广泛应用。一些文献以倾向因子匹配（PSM）模型为框架研究对外产业转移，研究发现，对外产业转移和国内就业减少有密切关系，但对外产业转移对母国劳动市场就业数量的影响并不明确。

在数量上，对外产业转移对母国劳动市场的净影响，取决于对外产业转移对就业的替代效应和扩张效应的相对大小（Chia - Hui Huang et al., 2012），对外产业转移不一定引起母国就业的减少（Yamashita Fukao, 2010; Agnese, 2011）。

公众经常强调对外产业转移对就业的负面影响（Kokko, 2006），在利用微观数据进行实证分析时，发现对外产业转移对就业最主要的影响是对劳动市场结构具有不对称的影响。从就业结构角度看，对外产业转移对低技能水平的劳动力有负面影响。克利希纳和森塞斯（Krishna and Senses，2009）、希岑等（Hijzen et al.，2011）、华格纳（Wagner，2011）通过实证研究发现，对外产业转移对低技能劳动力的工资水平和就业水平在短期内具有负面影响。田中真纪子（Ayumu Tanaka，2012）利用日本的数据研究发现，在日本对外产业转移增加了非正规劳动者的就业。在欧洲，国际竞争和全球生产网络的影响使欧洲发达国家劳动市场发生了巨大变化。克利希纳和森塞斯（2009）指出，全球化降低了交通成本和沟通成本，地理位置遥远的亚洲国家和东欧国家参与西欧的生产链，拉丁美洲成为美国公司的生产基地。全球生产网络中低技能水平劳动力竞争的国际化，减缓了欧美国家低技能水平工人的工资上升幅度、降低了他们的就业水平。

对外产业转移对母国就业的影响，可能随时间变化而改变。法尔和凡哈拉（Far and Vanhala，2010）构建了一个包含劳动力市场摩擦的动态一般均衡模型，来研究对外产业转移对欧洲国家就业市场结构的影响。该模型表明，对外产业转移在短期内会造成低技能水平劳动力的失业问题，但是，通过劳动力和资本在母国的重新配置，在经历了一个失业调整时期之后，低技能水平劳动力会流入高劳动生产率部门，就业结构获得改善，最终会提高整体的劳动生产率并提升整体的就业水平。劳动市场摩擦的存在、短期内国内就业水平的降低，是企业为了利益最大化有选择地放弃低技能劳动者所从事的产业或生产。田中真纪子（2012）、希岑等（2011）利用日本的数据也得出了类似的结论，研究指出，在对外直接投资3年之后，无论是制造业还是服务业，进行了对外直接投资的企业比未进行对外直接投资的企业，就业结构和就业水平都有所改善。

（二）对母国产出结构的影响

在分析对外生产转移时，必须考虑转移生产的产品与母国产品间存在的替代关系、互补关系。即将某种商品的生产向国外转移时，对外转移的产品和出口产品如果是互补的关系，就会因出口诱发效应增加出口。而国外生产的产品和出口的产品如果是替代关系，就会因出口替代效应减少出口。

出口诱发效应、出口替代效应根据母国对外投资方式的不同而有所不同。整条生产线迁移的水平投资通常会产生出口替代效应，基于垂直分工的投资会促进出口诱发效应。布朗尼根（Blonigen，2001）利用日本汽车厂商对美国的直接投资和日本汽车对美国的出口数据进行分析，发现用于整车组装的投资可以促进汽车零部件出口额的增长，而用于汽车零部件公司的投资会降低汽车零部件出口额。海德和里斯（Head and Ries，2001）发现，成品工厂的投资会对本公司的出口产生替代效应，但对零部件厂家会有出口诱发作用。

但就实际情况来看，对外直接投资很难把水平型直接投资和垂直型直接投资区分开来（Lipsey，2004），实际的对外直接投资既不是完全水平也不是完全垂直。深尾和天野（1998）将日本对外直接投资按面向亚洲和面向欧美进行分类计算，发现面向亚洲的对外直接投资的出口诱发效应比较强，对日本国内生产具有正面影响。日本经济产业省（2010）分产业计算了出口替代效应、出口诱发效应、逆进口效应，发现2007年丰田对外直接投资对制造业总产出具有负面影响。柴庆春和胡添雨（2012）用总量数据使用引力模型研究中国对东盟国家和欧洲国家直接投资的贸易效应，发现从总量数据上看，中国的对外直接投资对出口有正面但不显著的影响，对东盟的投资对于贸易的影响，要大于对欧盟的投资对于贸易的影响。

上述文献对出口诱发效应和出口替代效应的分析都是从总量角度进行的，日本经济产业省已经开始着手计算分产业的对外产业转移对国内出口的影响。对外产业转移是一种相对长期的对外投资，只有从长期角度才能更准确地把握其对国内生产影响的性质。

（三）对母国生产技术结构的影响

大量研究表明，对外直接投资可以促进母国生产技术结构的调整和升级。相关研究可以分为两类，一类是从母国宏观经济层面实证分析产业结构调整。布莱姆思特罗姆和R. 李普赛（Blomstrom and R. Lipsey，2000）从就业结构和生产结构调整角度，研究对外直接投资对日本经济结构调整的作用。该文献指出，日本的对外产业转移是将母国失去比较优势产业的生产转移到其他国家，是最大化日本在该产业生产上所积累的知识资本利润的重要路径。随着日本对外直接投资规模的不断扩大，日本跨国公司建立的大量海外子公司为日本提供了大量就业岗位，同时，不断扩大日本在海外的市场份额，对日本产业结构升级起到了重要的推动作用和促进作用。马汉·斯韦特利和安德烈娅·特尔尼克（Majan Svetlii and Andreja Trnik，2000）研究了斯洛文尼亚对外直接投资与传统产业部门的发展，发现对外直接投资可以促进传统产业部门的结构性调整。对发达国家而言，对外直接投资可以最大化企业积累的知识资本的租金，通过提高对外直接投资企业的收益和扩大母国在海外的市场份额来促进母国产业结构升级。对发展中国家而言，通过对外直接投资可以学习和借鉴先进国家的知识和制度经验，促进本地传统生产部门的发展，进而促进母国产业结构升级。赵伟和江东（2010）使用时间序列数据实证检验了2000年之前日本对外直接投资和产业结构调整的关系，发现从宏观层面上看，日本的对外直接投资可以促进产业结构调整。

另一类是从母国国内要素的再配置角度进行分析。R.李普赛（2002）通过对美国企业对外直接投资的微观数据研究发现，跨国公司的对外直接投资行为引起美国国内向资本密集型产品生产、技术密集型产品生产倾斜，而一些劳动密集型产品特别是低技术密集型产品倾向于在发展中国家生产。当母国的外部经济条件发生改变，如汇率变动、生产成本增加等，影响母国出口竞争力时，对外产业转移有助于母国在国际市场上保持市场份额，保持母国产品在国际市场上的竞争力，并通过要素再分配以及技术溢出培养母国新产品的比较优势，从而促进母国经济结构升级。

V. 罗赛尔（V. Rossel，2000）针对韩国对外直接投资实践的研究指出，韩国的对外直接投资将技术密集程度较低的产品或生产工序转移到国外，国内的资本要素和人力资源可以配置于技术密集程度更高的产品或生产工序，从而促进国内生产部门技术密集程度的提高。萨尔瓦·巴里奥斯和霍尔格·戈尔格等（Salva Barrios and Holger Gorg et al.，2005）以爱尔兰为对象进行研究也得出了类似的结论。瓦赫特和马索（Vahter and Masso，2006）研究了爱尔兰微观企业对外直接投资和技术溢出效应之间的关系，发现对外直接投资可以通过技术溢出效应影响母国经济体系中没有对外直接投资行为的企业，包括制造业和服务业的所有企业；对外直接投资的技术溢出效应可以促进母国经济整体生产效率提高，技术溢出效应在不同产业间没有明显差别。布兰斯特（Branstetter，2005）运用厂商层面的数据证明，日本对美国的直接投资对日本公司具有技术溢出效应。布兰斯特（2009）使用专利数据来测量直接投资跨国流动的溢出效应，发现 FDI 对东道国和母国具有双向溢出效应，跨国公司的国外子公司可以作为溢出渠道。克里斯库洛（Criscuolo，2009）使用 1985～2005 年欧盟化学和生物产业跨国公司的专利数据发现，这些公司对美国的直接投资对母国具有技术溢出效应。这些公司的美国子公司在美国的经济活动，可以弥补母国和美国在这些产业的技术差距。百斯特（Best，2001）利用美国微观企业层面数据进行实证检验，指出对外产业转移会在母国引发知识外溢效应，促进母国知识资本积累。知识资本积累可以产生规模经济，使生产成本下降，并促进创新产品或创新部门的产生和发展，使母国企业生产转向具有更高生产效率的创新部门，最终实现母国产业结构的升级。

对外产业转移是一国工业化过程中产业结构调整所引发的经济现象。从既有文献来看，研究人员运用不同国家以及宏观层面、中观层面、微观层面的数据，证实了对外产业转移会对母国的就业结构、产出结构以及生产技术结构产生影响，从而引起母国经济的结构性调整。

二、贸易结构理论发展脉络

（一）母国经济结构与贸易结构

普庐德曼和 S. 瑞丁（Proudman and S. Redding，2000）指出，一个国家在经济结构上的特点可以由该国各产业贸易产品的比较优势描绘，一个国家在某一时点上的专业化特征可以由全部产业的比较优势分布描绘。而一个国家贸易的动态特征可以由跨截面数据的时间分布表示，使用一国贸易结构的动态数据，分析一国国际经济结构的演化进程。从这个角度上来说，一国的经济结构与贸易产品结构的关系是一种"镜像"关系。

（二）贸易结构理论发展脉络

贸易结构是国际贸易研究的传统领域。随着国际分工水平的提高，国际分工理论从产业间分工逐渐深化到产业内分工、产品内分工，贸易结构理论研究的内容也随着分工理论的发展而逐步深化。

贸易的产品结构是指，各种产品在进出口贸易中的相对比重，也被称为贸易的商品构成（洪宇，2009）。贸易的产品结构是国际分工和国内产业结构在贸易中最直接的体现，是贸易模式的重要组成部分。贸易产品结构的演进反映了一国的经济发展和技术进步路径，是判断一国国际分工地位的经典指标（金芳，2008）。在诸多文献中，贸易结构概念几乎等同于贸易产品结构，贸易产品结构在贸易结构的研究中受到广泛关注。

随着国际分工的深化发展，在产品内分工条件下，出口国对进口中间投入品的大量使用，使得贸易规模不能真实反映其在国际分工中的地位，从而产生了统计假象问题（杨高举，2011；Srholec，2007；Mayer et al.，2002；Branstetter and Lardy，2006）。贸易产品结构也难以反映国际分工的多层级性。关志雄（2004）、劳尔（2000）、马尼（Mani，2000）和斯莱克（Srholec，2007）认为，发展中国家高技术水平产品出口爆炸式增长只是一种统计假象，发展中国家在高新技术产业国际分工中仍以劳动密集型的低端生产为主。

衡量贸易产品结构的显示性比较优势指数和 G - L 指数未剔除进口中间投入品价值的出口数据，因而难以避免统计假象问题。在贸易产品技术结构的测度方法上，关志雄（2004）、劳尔和张（2006）、罗德里克（2006）、豪斯曼（2007）、杨汝岱和姚洋（2008）基于贸易产品的附加值，设计了产品技术水平指数，用以衡量一国贸易产品技术含量。这一指数在关于分工与贸易的研究中得到了广泛应用。本书采用基于贸易产品附加值的贸易产品技术结构指数作为贸易结构的衡量指标，研究产业转移对母国贸易结构的影响。这一方法既考虑了产品内分工条件下进口品投入引起的统计假象问题，又具有数据的可得性、连续性方面的优势，可以用于对一国经济结构性问题的长期分析。

三、对外产业转移与母国贸易结构①

（一）外文文献的相关研究

从一国贸易总量层面来看，对外直接投资对母国的出口作用不确定。李普赛和布莱姆思特罗姆（2000），李普赛和威斯（Lipsey and Weiss, 1981, 1984），布莱姆思特罗姆、李普赛和库尔奇基（Blomstrom, Lipsey and Kulchycky, 1998），W. 赫贾奇和 A. E. 萨法兰（W. Hejazi and A. E. Safarian, 2001）等利用日本、美国、瑞典等国家的数据，结果发现，对外直接投资对一国贸易总量的影响因投资母国、投资东道国的异质性而存在较大差异。对外直接投资对一国贸易总量的影响，更多表现为具有国别异质性的实证问题。

从产业层面的贸易总量来看，对外直接投资对母国出口的影响同样具有产业异质性，产业层面的异质性主要包括以下两个方面。

（1）基于东道国区域特征的产业异质性。

戈德堡和克莱因（Goldberg and Klein, 1999）对于美国各产业对拉丁美洲地区的直接投资进行研究，分析产业层面的贸易效果，发现如果东道国完全就业，某一产业的投资引起对东道国出口减少，其他产业的投资会增加对东道国的出口。深尾和程（1997）利用日本电机产业企业层面的数据，对不同区域的海外生产与母国出口的关系做了实证检验，结果发现亚洲的海外生产与母国出口正相关，欧洲的海外生产与母国出口负相关，北美的海外生产与母国出口关系不显著。

（2）基于贸易产品分类的产业异质性具体可以分为以下三类。

第一类是基于贸易产品在生产过程中最终产品和中间产品的分类标准。斯文森（Svensson, 1996）利用瑞典的数据研究发现，对外直接投

---

① 本书中对外产业转移是指，制造业的对外直接投资，目前，关于对外产业转移对母国贸易结构影响的研究，大多基于对外直接投资的研究框架。因此，在本节中以对外直接投资代替对外产业转移。

资对母国最终产品出口具有替代效应，对母国中间产品出口具有促进作用。布朗尼根（2001）利用日本汽车厂商对美国的直接投资和日本汽车对美国的出口数据进行分析，发现用于整车组装的投资对汽车零部件具有出口诱发效应，而用于汽车零部件公司的投资会产生出口替代效应。海德和里斯（2001）发现，成品工厂的投资会对本公司的出口产生替代效应，但对零部件厂家会有出口诱发效应。斯文森（2004）发现，对外直接投资对贸易是产生挤出效应还是产生创造效应，与贸易产品的分类水平存在密切关系。该文献以部分发达国家对美国的直接投资和贸易数据为样本进行研究，发现当对贸易水平的计量采取 SITC Rev. 2 三分位数分类水平数据时，对外直接投资对母国贸易产品产生挤出效应；当对贸易水平的计量采取 SITC Rev. 2 二分位数分类水平数据时，对外直接投资对母国贸易产品产生贸易创造效应。第二类是基于对外直接投资的部门分类标准，即对外直接投资属于制造业还是属于服务业，对母国贸易产生不同的影响。W. 赫贾奇和 A. E. 萨法兰（2001）使用引力模型，发现美国制造业对外直接投资对出口和进口有贸易创造效应，服务业对外直接投资对出口具有贸易创造效应。第三类是基于对外直接投资产业的技术水平属于现代产业还是传统产业。

（二）中文文献的相关研究

唐杰英（2009）利用日本对外直接投资的面板数据、冯正强（2008）利用日本的时间序列数据，丁振辉和翟立强（2013）利用美国的数据，王方方（2013）、张春萍（2012）利用中国的面板数据，柴庆春和胡添雨（2012）利用中国对东盟和欧盟的数据，张海波和阎国庆（2010）利用东亚九国的数据实证检验对外直接投资对一国贸易总量的影响，发现对外直接投资对贸易区域结构的影响具有国家异质性。

隋月红（2010）根据中国对外直接投资现状，分析了顺梯度对外直接投资和逆梯度对外直接投资对贸易结构的影响机理，利用中国 1984～2008 年的数据进行实证检验，发现中国的对外直接投资促进了中国贸易结构的升级。隋月红（2010）使用 SITC Rev. 2 类出口额占总出口额的比例①来衡量贸易结构。陈愉瑜（2012）利用中国1982～2010年的行业数据分析中国对外直接投资对贸易结构的影响，发现中国对外直接投资的流量和存量对贸易结构具有显著影响，使用不同行业的进口数额和出口数额的相对比例来衡量贸易结构。隋月红和赵振华（2008）用工业制成品出口额占总出口额的比例来衡量中国的出口贸易结构，运用实证研究方法分析出口贸易结构的形成机理，发现FDI、贸易开放程度、产业结构和汇率水平对中国出口贸易结构具有正向作用，对外直接投资对中国出口贸易结构影响不显著。俞毅和万炼（2009）用初级产品和工业制成品年度进出口总额的相对比例衡量贸易结构，使用VAR模型分析对外直接投资和贸易结构的相关性，发现对外直接投资与贸易结构存在长期均衡关系，初级产品出口和工业制成品出口与对外直接投资存在替代效应。项本武（2009）使用中国2000～2006年对外直接投资和进出口的面板数据分析了中国对外直接投资的贸易效应，发现中国对外直接投资对出口在长期内具有促进作用，在短期内作用不显著。张春萍（2012）使用1996～2010年中国的对外直接投资与贸易的面板数据发现，中国对资源类国家、发达国家和新兴市场国家的对外直接投资均具有出口创造效应，对资源类国家的出口创造效应最高，之后，是发达国家，最后，是新兴市场国家。

  关于对外产业转移对贸易结构的研究，目前的研究重点主要在国际贸易的理论框架中研究以对外直接投资方式进行的产业转移。从既有文献来看，研究重点主要集中在实证研究方面，通过不同层面的贸易数据研究对外产业转移对贸易结构有无影响、影响的程度。当前，中国国内关于产业转移对贸易结构影响关系的研究，还停留在以简单的不同类别贸易产品的数量结构作为衡量指标的阶段。综合以上分析，可以发现目前关于对外产业转移与贸易结构关系的研究，主要停留在国际贸易理论框架中，作为对外产业转移对贸易数量影响的延伸研究进行。巴克斯特（Baxter，2003）指出，经济结构是指，一个国家的产品和贸易相对于其他国家的差异程度，这种意义上的贸易结构是衡量一国经济结构的重

---

① 根据联合国《国际贸易标准分类》，SITC Rev. 2 七类产品主要包含机械和运输设备，通常被认为是资本和技术密集型制成品，用该比例可以衡量贸易产品中资本密集型产品的结构变化，因而可以作为贸易结构的量化指标。

要指标。本书主要研究对外产业转移对作为一国经济结构衡量指标的贸易结构的影响,而不仅是在原有国际贸易框架下对产业转移与贸易关系问题的延伸研究。

第四节 日本的对外产业转移与贸易结构

从既有文献来看,中文文献对日本对外产业转移与贸易结构的研究多集中在对作为东道国的中国贸易结构的影响,较少关注对于对外产业转移母国贸易结构的影响。外文文献的相关研究,侧重于实证研究,从区域结构和分工结构角度分析日本的对外产业转移对贸易的结构是否有影响以及影响程度。在全球化条件下,日本对外产业转移的重要特征,是国际生产网络。本节对日本对外产业转移与贸易结构的相关文献进行梳理,并对未来的研究方向进行展望。

一、中文文献的相关研究

薛敬孝(1997)、王洪亮和徐霞(2003)的研究表明,日本对华直接投资和贸易之间的数量关系以互补关系为主。杨宏恩(2007)以日本为对象进行了投资与贸易关系的实证研究,对1965~2003年日本在东亚地区的直接投资和出口贸易进行了格兰杰因果检验,发现投资对出口具有单向的正向影响,同时,投资与进口具有密切的双向因果关系。刘向丽(2009)分析了日本对华FDI对于中日产业内贸易的影响,发现具有促进作用。唐杰英(2009)运用引力模型,证明日本对外直接投资是贸易互补型的,对日本的进出口贸易在长期内具有明显的促进作用。冯正强和李丽萍(2008)对日本对华直接投资的贸易效应进行格兰杰因果关系检验,发现日本对华直接投资对日本出口具有互补效应。李迎旭(2013)检验了日本对东盟直接投资的贸易效应,发现对双边的出口具有促进作用。以上研究都是从宏观总量层面进行的,表明日本的对外直接投资在总量层面上与贸易具有互补效应。唐杰英(2009)使用1996~2007年的数据分析日本对外直接投资对贸易区域结构的影响,发现日本对外直接投资根据投资东道国的不同,对母国出口具有贸易创造效应或贸易替代效应。

汪素琴和姜枫(2008)运用引力模型对比分析日本和美国对中国直接投资和贸易的关系,发现日本对中国直接投资对于日本对中国出口具有贸易创造效应,美国对中国直接投资对于美国对中国出口具有贸易替代效应。冯正强和李丽萍(2008)分析了日本对中国直接投资对于中日贸易的影响,发现日本对中国直接投资对于中国对日本出口具有双向的格兰杰因果关系影响,表明日本对中国的投资会促进中国对日本出口的增加。中国对日本出口的增加引致经济增长效应,又会促进日本对中国投资的增加。同时,日本对中国的投资对日本对中国的出口具有单向格兰杰因果关系影响,日本对中国投资的增加会影响日本对中国出口,而日本对中国出口不会影响日本对中国投资。与传统认知不同,日本对中国的投资并非先出口再投资的战略。王宏庆(2006)采用面板数据分析了1989~2003年日本对外直接投资数据,发现日本对中国直接投资对日本出口具有重要贡献,重要性高于中国对日本出口。乔雯和杨平(2008)分析日本农业对中国直接投资和对中国出口的关系,发现日本农业对中国直接投资和对中国出口间不存在显著的因果关系,日本对中国直接投资对日本农产品进口具有显著的单向因果关系。

张宏(2004)、刘磊(2007)、于津平和张昊光(2005)研究日本对中国直接投资对中国的比较优势以及产业结构的影响,发现日本对中国的产业转移促进了中国产业结构升级。吴昊(2005)从商品结构角度分析了日本对中国直接投资对于贸易结构的影响,发现在1989~2003年,日本对中国直接投资带动了日本对中国零部件类贸易产品的出口,同时,带动了中国对日本贸易结构的升级。

陈建安(2008)指出,日本对东亚的直接投资在东亚形成了以对中间产品及部分资本品的交叉需求为基础的贸易结构,日本在亚洲直接投资形成的企业内垂直贸易占亚洲区域内贸易的近50%。

樊勇明(2007)指出,制造业是日本对中国投资的重点,日本对中国直接投资处于转型之中,日本对中国直接投资的结构将会进一步改善。边恕(2008)分析了日本对中国直接投资对中日产业分工结构的影响，指出日本和中国的分工结构从早期的侧重于垂直产业间的分工，向资本密集型、技术密集型的水平分工转变。孙雅娜（2011）分析了日本企业的对外直接投资和跨国公司的经营活动模式，指出日本企业的对外直接投资呈现出具有日本企业特征的贸易－投资－技术转移一体化模式。日本对中国产业转移正在从追求制造成本最低转为争取东道国市场的阶段（江玮，2013）。

郭四志（2012）指出，2008年金融危机给世界经济以沉重打击，金融危机影响了日本汽车、电器、一般机械等主要产业在海外的生产和销售，而这些产业在日本国内的采购率很高，因此，危机影响渗透到日本国内市场，同时，日本企业面临日元升值、国内经济低迷等因素的影响而经营不振，从全球企业经营环境来看，日本需要进一步扩大对外直接投资，带动国内经济走出低迷。

从上述文献可以看出，中国国内对日本对外产业转移与贸易结构关系的研究主要有三个特点。第一，主要从对外直接投资角度进行分析，研究以对外直接投资为表现方式的产业转移现象；第二，主要以东道国中国为研究对象，研究日本产业转移对中国贸易结构的影响，以及对中日贸易结构的不同影响，研究对象主要是东道国而不是母国，这与中日经济关系中，中国作为东道国的地位有直接关系；第三，主要从东亚区域经济发展角度进行研究。

二、外文文献的相关研究

（一）宏观数据、中观数据、微观数据的实证检验

巴约米和里普沃斯（Bayoumi and Lipworth，1997）使用宏观贸易数据进行关于日本贸易收支整体的研究，伊顿和田村（Eaton and Tamura，1994）、川井和浦田（Kawai and Urata，1995）、乾（1998）使用产业层面的数据进行分析，深尾和中北（1996）、深尾和程（1997）、李普赛·R.和布莱姆思特罗姆（2000）使用企业层面数据进行分析，分析的结果根据使用数据的水平各不相同。

李普赛·R.和布莱姆思特罗姆（2000）分析日本企业的海外子

公司活动对母公司出口的影响。该文献控制了子公司活动之外其他影响贸易的因素,如东道国 GDP、东道国人均 GDP、日本和东道国间的距离、母公司活动水平(母公司销售额),衡量子公司活动的指标是子公司的附加值和总从业人数。使用 1986 年、1989 年、1992 年的数据,对制造业部分产业,如食品、纤维、化学、一次金属、金属制品、一般机械、电器机械、运输机械、精密机械和其他制造业等进行分析。其结果表明,海外子公司活动对母公司出口具有促进作用,这和过去对美国、瑞典的研究结果(Lipsey and Weiss,1981,1984;Blomstrom Lipsey and Kulchycky,1998)相吻合。

(二)不同东道国对贸易结构的影响

深尾和程(1997)利用电机产业企业层面的数据,分区域[①]分析日本的海外生产[②]和出口的关系,亚洲的海外生产促进日本出口量的增长,欧洲海外生产与日本出口量负相关,海外生产与日本出口量的关系在北美地区不显著。

深尾和天野(1998)将日本对外直接投资按面向亚洲和面向欧美进行分类计算,发现面向亚洲的直接投资的出口诱发效应比较强,对日本国内生产具有正向影响。松浦等(Matsuura et al.,2008)发现,日本电器机械产业的对外直接投资,会提高国内制造业的劳动生产率。希岑(2007)研究发现,日本进行对外直接投资的企业比不进行对外直接投资的企业劳动生产率高 2%。小桥等(Obashi et al.,2009)研究了不同方式的直接投资对母国生产率的影响,发现以水平方式进行对外直接投资的企业劳动生产率基本上没有变化,而进行垂直型对外直接投资的制造业部门劳动生产率提高 4%。

李普赛(2000)针对瑞典和日本的对外直接投资进行类似分析,发现东道国为发展中国家的直接投资对母国就业的影响比东道国为发达国家的要大。瑞典的跨国公司倾向于在东道国进行直接投资时使用更高技能的劳动力,而在母国维持低技能劳动力的就业水平。日本的数据显示,对发达国家进行对外直接投资对于日本就业的影响要比投资于发展

[①] 亚洲、欧洲、北美(美国、加拿大)。
[②] 使用海外就业人数,作为海外活动规模指标。

中国家更大。在盈利能力方面，日本的跨国公司在北美洲、欧洲的发达国家利润率反而低，而在亚洲地区，1997年金融危机之前的利润率甚至超过了日本国内（新宅纯二郎，2006）。

山下福雄（Yamashita Fukuo，2010）指出，对外直接投资对母国的影响因投向区域不同而有差别，但是，这种差别的程度、显著性以及系数有效性可能受计量方法的影响。

（三）分工结构角度的贸易结构

石川浩树（2004）从分工角度考察了1989~2004年OFDI对日本贸易结构的影响，将贸易产品分为中间产品和最终产品，运用引力模型发现日本的对外直接投资对东道国最终产品具有出口诱发效果。根据产业异质性和东道国的不同特点，采取水平投资方式或者垂直投资方式。神津（2002）使用产业层面数据，分析了日本和东亚各国的进出口结构，发现在信息相关领域，日本对东亚地区的直接投资存在产品内分工。因此，在零部件供给方面存在相互依存关系。深尾（2003）分析了1996~2000年日本对东亚地区的贸易结构[①]，直接投资促进了电器机械产业和精密机械产业垂直分工的发展。小池良司（2004）对1980~1997年日本贸易结构进行分析，利用产业层面数据发现以信息相关产品为中心的电器机械产业分工深化，电器机械产业区域内分工深化，与亚洲各国间相互依赖关系增强。

外文文献关于日本对外产业转移对贸易结构影响的研究，主要是在国际贸易的理论框架内，从实证角度研究对外产业转移对贸易的区域结构、分工结构的影响。外文文献主要从对外产业转移对母经济影响的角度进行研究。

综上所述，关于对外产业转移与贸易结构调整的研究，目前，大多是在国际贸易框架内从对贸易影响的延伸角度，研究对外直接投资和贸易结构的关系。这类研究以实证研究为主，而且，以对外直接投资为主要研究对象，并未考虑经济全球化以及分工深化背景下产业转移特征的改变。

---

① 产业间贸易、垂直分工、水平分工。

三、国际生产网络下的对外产业转移与贸易结构[①]

经济全球化的发展以及产品内分工的发展,以及20世纪90年代以来国际市场的扩大,彻底改变了传统的国际分工形式,形成了国际生产网络。对外产业转移方式由原有的产业整体转移,变为国际生产网络中生产环节或生产工序的转移。

国际生产网络是产品内分工条件下由跨国公司主导的对外产业转移自发形成的。

制造业产业的跨国贸易,主要基于比较优势进行。比较优势按照来源分为内生比较优势和外生比较优势。内生比较优势,如规模经济,基于分工模式产生。外生比较优势,如要素禀赋(杨小凯等,2001),基于要素分配与流动变化趋势产生。国际生产网络,可以使发达国家通过对外直接投资利用发展中国家的生产要素禀赋优势,从而产生外生比较优势。

根据科斯(Coase,1937)的理论,厂商的存在是因为交易成本。生产体系由多个相互关联的复杂行为构成,在一个被分割为多个环节的生产过程中,最终产品通过生产网络交给最终用户。在发达经济体中存在多个生产网络将原材料转换为产品。当生产网络交易成本高时,可能会垂直整合为一个公司,而当市场有效时,生产网络会协调完成由独立企业直接参与的公平贸易,其中,每个企业只控制单一生产阶段。当交易成本在某一阶段更高时,具有高交易成本的环节会集合在一个垂直的厂商内。当不同的生产环节分布于不同的国家时,就产生了国际生产网络。跨国公司的出现是对生产网络的协调,同时,促进和同一生产网络上其他厂商的协调。控制生产网络一部分的企业,必须和生产网络上相邻环节的厂商进行协调,没有其他企业,每个厂商都难以成功。厂商必须将行为嵌入全球生产网络,全球化竞争可以最大化生产网络中所有企业的利益(Casson,2013)。

[①] 本书对外产业转移的定义是制造业的对外直接投资,而相关文献均采用了对外直接投资的表达方式,联系其背景,相关文献中的对外直接投资等同于本书中的对外产业转移,因此,本书在表述中用对外直接投资来代表对外产业转移。

布洛赫和奎鲁（Bloch and Quérou，2012）将网络博弈理论框架用于FDI 的经验研究，其模型加入存在直接联系的固定网络中的同步选择效应，同步选择效应会刺激商业伙伴相互投资，这可以被认为是国内市场上的商业伙伴同时投资激励。过去，FDI 利润的一部分对其他厂商来说，被认为是不可观测信息，于是，每个厂商的投资决定依赖于合作伙伴不确定的决定。在该模型中，单独收益的不确定性导致了交易的不确定性。

关于国际生产网络的作用机制，主要有以下三种观点。

第一种观点，基于规模经济进行解释。卢峰（2004）通过分析产品内分工经济现象，指出分工深化可以产生规模经济，在产品内分工条件下不同的生产环节需要具有较大的生产规模来实现规模经济。在生产工序可分离的条件下，将同一产品不同生产环节的生产分散在各个不同国家，某一国家专注于某一生产环节的生产，就能够在所有生产环节上实现规模经济，在产品生产上获得最大的规模经济，生产成本最低。劳赫（Rauch，1996）建立了贸易伙伴搜寻模型，利用日本公司数据进行实证检验，发现在一般日本公司中，企业间的贸易关系可以促进商业网络的构建。迈凯伦（McLaren，1999）研究了国际贸易中的垂直长期采购关系，认为在集团公司中，非正式的协议比正式合同更容易达成采购关系。卡普林斯基和莫里斯（Kaplinsky and Morris，2002）认为，基于全球价值链升级，企业进入某一产品的全球生产网络，通过达到全球价值链上各种标准，可以使技术能力和市场进入能力得到提高，从而提高竞争力。格林尼（Greaney，2003）检验了商业网络对贸易和 FDI 的影响，涉及美国和日本不对称的贸易和投资活动中集团公司的作用。在该文献的模型中，多个产品生产企业具有网络效应，厂商从具有强网络效应的国家转向投资于海外没有网络效应的国家，会引起网络中东道国子公司对母国市场的逆进口。

第二种观点，由市场机制下厂商利润最大化行为内生决定。斯宾塞和丘（Spencer and Qiu，2001）分析了集团之间垂直的采购关系。该文献以有协作关系的日本的系列型[①]跨国公司为研究对象，研究了系列型

---

① 系列型跨国公司类似于日本的丰田汽车公司，丰田汽车公司是一家日本跨国公司，但丰田汽车公司还有很多存在固定采购供应关系的零配件提供商，丰田汽车公司和零配件提供商共同协作完成汽车的生产。丰田汽车公司及其一系列零配件供应商，可以被称为系列型跨国公司集团。

跨国公司中非正式采购关系对跨国生产中使用的中间产品进口的影响。在系列型跨国公司中，汽车制造商承诺和零配件供应商保持长期协作关系，作为回报零配件供应商会针对汽车制造商的需求进行关系型投资。关系型投资的主要目的是为特定汽车制造商提供专用设计，用于为特定汽车制造商零配件生产提高生产效率、降低装配成本。零配件供应商还会为了保证特定汽车生产商的交付能力而进行专门的改进型投资。关系型投资一旦发生，就成为零配件厂商的沉没成本。汽车零配件的价格，将会通过零配件供应商与制造商"讨价还价"的过程实现。关系型投资引致对母国零配件供应商的采购，并且，降低了对海外零配件的进口依赖。与贸易模式联结的通过生产网络进行的向母国零配件供应商采购、降低国外零配件进口行为，是由汽车生产厂商的利润最大化行为内生决定的。江小涓（2007）研究表明，比较优势、国内产业基础、市场结构和参与全球分工程度是决定一国贸易增长和贸易结构的主要因素，认为出口商品结构升级有规律可循，出口促进政策在充分理解市场力量的基础上因势利导，可以提高实际效果。巴尔德伯斯和若杉（Belderbos and Wakasugi，2012）从集团内部的供应商和采购关系角度出发，分析了日本对外直接投资和对外贸易的关系。跨国公司的海外子公司大概率通过原有供应商从母国进口资本密集型产品，产生贸易创造效应。原有供应商沉没成本的存在，会提高跨国公司更换供应商的转换成本，间接提高贸易创造效应。但是，如果跨国公司的供应商在海外同步建立子公司，该跨国公司就会在供应商的海外子公司采购，贸易创造效应会被原有供应商投资的子公司代替。

第三种观点，系统论的观点。奥默罗德（Omerod，2006）提出了蝴蝶效应经济学，认为经济体系是一个处于混沌世界中的复杂系统。传统观点认为，单个厂商的竞争优势会影响厂商的投资策略和生产结构（Lundan，2008）；系统性观点认为，全球生产体系是通过跨国公司进行自主调节的，而不是通过市场调节的。系统性观点强调了产品流动和知识流动的战略重要性（Adler and Hashai，2007），技术、产品和选址刺激了跨国公司的兴起，促进了相伴随的 FDI 的流动。过去数十年全球供应链的演化，是经济全球化的重要特征（Buckley Ghauri，2011），从系统性观点来看，国际生产网络是全球生产系统的一个组织形式，某一产品的生产网络是系统整体的缩影。在生产网络中，个体厂商的策略是相互依赖的。当厂商处于生产网络的同一部分时，厂商之间是竞争关系；当厂商处于生产网络的不同部分时，厂商之间是联动关系。全球经济竞争可以最大化生产网络中所有企业的利益。斯宾塞增长委员会（Spence growth commission，2008）指出，生产网络在发达国家并没有起到很大的作用。克里斯托（Cattaneo，2011）指出，国际生产网络更适用于日本和韩国的产业化进程。

第三章

日本贸易结构演变情况

日本的贸易结构是本书的重要研究对象。经济现象的层出不穷以及经济学研究方法的改进，使得贸易结构的衡量指标也不断精确化、细化。本章采用以产品附加值为基础的贸易结构指数，考察1976年以来日本贸易结构的演变情况，作为本书进一步研究的基础。

第一节　日本贸易结构演变

对贸易结构的分析，是国际贸易理论研究和实证研究中的一个核心问题。作为"东亚模式"的典型代表，对外贸易一直是推动日本经济发展的重要力量。纵观日本经济的发展历程，1973年之前日本对外贸易的增长主要得益于其比较优势的动态发展，出口产品比较优势与世界经济结构同步升级（刘培青，2004）。进入20世纪80年代后，日本与发达国家在高端产品领域的贸易摩擦、与发展中国家在低端产品领域的贸易摩擦，在范围上不断扩大，在程度上不断深化。同时，作为一个高度技术密集型的国家，日本促进了技术密集型产品的出口，日本的贸易结构也发生了深刻的变革。

一、贸易结构衡量指标的演进

贸易结构指标用于衡量一国贸易产品的分工水平。随着国际分工水平从产业间分工深化为产业内分工、产品内分工，贸易结构的衡量也从传统的显示性比较优势指标，发展为产业内贸易指数、基于附件值的出口技术结构指数、技术结构高度指数等，以作为不同分工水平下的衡量指标。

(一) 衡量贸易结构的传统指标

1. 显示性比较优势指数

传统的关于贸易产品技术结构的度量指标，是显示性比较优势指数。巴拉萨 (Balassa, 1965) 在测算部分国际贸易产品的比较优势时，提出了显示性比较优势指数 (revealed comparative advantage, RCA)。该指数用某一产业产品在一国出口总额中的份额与该产业产品在世界贸易总额中的份额之比来表示，这种处理方法排除了一国贸易总量和世界贸易总量的波动因素，可以较为精确地反映一国某一产业相对于世界平均水平的优势。显示性比较优势指数，通过商品进出口贸易的实际数量来测定贸易产品的比较优势，适合在现实情况中对贸易结构进行实证分析。

$$RCA_{ci} = \frac{x_{ci}/x_{wi}}{x_{ct}/x_{wt}} \qquad (3-1)$$

在式 (3-1) 中，X_{ci} 表示国家 c 产品 i 的出口额；X_{ct} 表示国家 c 所有产品的出口总额。X_{wi} 表示全球产品 i 的出口总额；X_{wt} 表示全球所有产品的出口总额。

式 (3-1) 将国际贸易领域贸易产品的专业化程度进行定量分析。比较优势指数在 [1, +∞) 范围内，表示该产品相对于世界平均水平具有比较优势；在 [0, 1] 范围内，表示该产品不具有比较优势。

2. 对称的显示性比较优势指数

RCA 指数是不对称的指数，不适合分析比较优势的跨时期变动，在实证研究中存在种种不便之处。达卢姆 (Dalum, 1998) 运用数值 1 对 RCA 指数进行了调整，用数学方法来解决 RCA 指数的不对称性问题，使之成为一个对称的显示性比较优势指数。

$$RSCA_{ci} = \frac{RCA_{ci} - 1}{RCA_{ci} + 1} \qquad (3-2)$$

在式 (3-2) 中，$RSCA_{ci}$ 的取值范围为 [-1, +1]。如果 $RSCA_{ci}$ 大于 0，表明国家 c 生产的产品 i 在国际贸易中具备比较优势；反之，

如果 $RSCA_{ci}$ 小于 0，则表明国家 c 生产的产品 i 在国际贸易中不具备比较优势。

3. 净出口能力指数

净出口能力指数是指，某一产业的净出口额与进出口贸易总额的比值，这一指标也被称作贸易竞争力指数或特化系数，被广泛应用于国际贸易的实证领域。

$$NX_{ci} = \frac{X_{ci} - M_{ci}}{X_{ci} + M_{ci}} \tag{3-3}$$

在式（3-3）中，X_{ci} 表示 c 国 i 种产品的出口；M_{ci} 表示 c 国 i 种产品的进口。

在式（3-3）中，NX_{ci} 表示 c 国 i 种产品的净出口能力指数，衡量进出口差额占进出口总额的比例，取值范围为 [-1, +1]。$0 < NX_{ci} \leq 1$，表示 c 国在产品 i 上为顺差，表明该国是该产品的净出口国，其值越大，表明该产品的竞争力越强；$-1 \leq NX_{ci} < 0$，表示 c 国在产品 i 上为逆差，表明该国是该产品的净进口国，其值越小，表明该产品的竞争力越弱；$NX_{ci} = 0$，表示 c 国在产品 i 上进出口平衡或者存在产业内贸易。净出口指数取值范围为 [-1, +1]，净出口能力指数从 -1 到 +1 方向的上升趋势反映了该类贸易产品从净进口到净出口贸易平衡状态的变化，净出口指数从 +1 到 -1 方向的下降趋势反映了该类贸易产品从净出口到净进口贸易平衡状态的变化。

显示性比较优势指数侧重于以一国某一贸易产品相对于世界平均出口水平的比值来衡量一国贸易产品的结构，而净出口能力指数则侧重于从一国某一贸易产品的进出口平衡程度来衡量贸易产品的结构。显示性比较优势指数和净出口能力指数不能剔除中间产品进口对贸易量的影响，在产业内贸易存在的条件下，会产生较大偏差。显示性比较优势指数和净出口指数，主要被用于作为产业间贸易时的贸易结构衡量指标。

（二）产业内贸易条件下的贸易结构指数

1. 产业内贸易指数（G-L 指数）

为了准确衡量存在产业内贸易条件下的贸易结构，格鲁贝尔和劳埃德（Grubel and Lloyd，1971）提出了 G-L 指数，用来衡量产业内贸易水平。G-L 指数脱胎于净出口能力指数，主要从净出口平衡的角度衡量产业内贸易水平。

$$GL_{ij} = 1 - \frac{|x_{ij} - m_{ij}|}{x_{ij} + m_{ij}} \qquad (3-4)$$

在式（3-4）中，x_{ij} 表示产业 i 中产品 j 的出口额；m_{ij} 表示产业 i 中产品 j 的进口额。

在式（3-4）中，G-L 指数的取值范围是 [0，+1]，当 x_i 和 m_i 中某一项为零时，G-L 指数的值为 0，此时产品 i 不存在产业内贸易；当 x_i 和 m_i 相等时，G-L 指数的值为 1，此时该国的产业内贸易水平最高。G-L 指数的值越接近于 0，产业内贸易水平越低；G-L 指数的值越接近于 1，产业内贸易水平越高。在对某一产业整体的产业内贸易水平进行分析时，需要对 G-L 指数进行加权平均，见式（3-5）。

$$GL_i = 1 - \frac{\sum_{j=1}^{n}(X_{ij} + M_{ij}) - \sum_{j=1}^{n}|X_{ij} - M_{ij}|}{\sum_{j=1}^{n}(X_{ij} + M_{ij}) - |\sum_{j=1}^{n}X_{ij} - \sum_{j=1}^{n}M_{ij}|} \qquad (3-5)$$

根据贸易不平衡的产生原因，不同产业内贸易细分为水平产业内贸易（horizontal IIT，HIIT）和垂直产业内贸易（vertical IIT，VIIT）。格林威等（Greenaway et al.，1994）以产品质量为依据，从进出口产品单位价格比的角度来区分水平产业内贸易和垂直产业内贸易。

若 $1 - \alpha \leqslant UV_x$ 或 $UV_m \leqslant 1 + \alpha$，属于水平产业内贸易（HIIT）；

若 $UV_x/UV_m < 1 - \alpha$ 或 $UV_x/UV_m > 1 + \alpha$，属于垂直产业内贸易（VITT）；

UV_x 表示单位贸易产品的出口价值；

UV_m 表示单位贸易产品的进口价值，在经验研究中，价格作为价值的衡量指标。α 为离散因子，通常取值为 0.15 或 0.25。

$$IIT_i = HIIT_i + VIIT_i \qquad (3-6)$$

2. 基于附加值的出口技术结构指数

特弗勒（Trefler，1995）、格罗斯曼和赫尔普曼（1995）等关于贸易结构的研究表明，贸易品的生产使用了不同技术，且技术水平各不相同。在经济学中，产品技术高低可以用技术附加值来衡量（樊纲，

2006)。在分析一国贸易产品技术结构时，需要分析哪些商品使用了较高的技术，哪些商品使用了较低的技术。关志雄（2002）、劳尔和张（2006）提出基于产品附加值的出口技术结构指数，认为附加值越高的产品越可能来自高收入国家，可以用出口国人均 GDP 的加权值表示个别产品的附加值，用一国每种产品的出口占该国总出口额的比重为权重计算该国出口产品技术附加值，见式（3-7）、式（3-8）。

$$PRODY_i = \sum_c \frac{X_{ci}/X_c}{\sum_c X_{ci}/X_c} Y_c \quad (3-7)$$

$$PRODY_c = \sum_i es_i PRODY_i \quad (3-8)$$

在式（3-8）中，X_{ci} 表示 c 国产品 i 的出口额；Y_c 表示 c 国的人均 GDP 水平；$PRODY_i$ 表示产品 i 的附加值；es_i 表示 c 国产品 i 的出口份额。$PRODY_c$ 表示 c 国的出口产品技术水平指数。

关志雄（2002）、劳尔和张（2006）的这种方法，在计算每种产品附加值时以各国出口产品占世界该产品总出口额的比重为权重，可能高估大国的作用、低估小国的作用。罗德里克（2006）、豪斯曼（2007）以各国出口产品的显示性比较优势为权重，对这一指数进行修正，见式（3-9）、式（3-10），计算基于显示性比较优势的一国出口产品技术水平。

$$RCAADD_{ci} = \frac{PRODY_{ci}/PRODY_{wi}}{PRODY_c/PRODY_w} \quad (3-9)$$

$$RSCAADD_{ci} = \frac{RCAADD_{ci} - 1}{RCAADD_{ci} + 1} \quad (3-10)[1]$$

在式（3-9）中，$RCAADD_{ci}$ 表示国家 c 产品 i 基于产品附加值的比较优势指数，$PRODY_{ci}$ 表示国家 c 产品 i 的附加值指数；$PRODY_{wi}$ 表示产品 i 的世界附加值指数（各国加权和），$PRODY_c$ 表示国家 c 出口产品技术水平指数，$PRODY_w$ 表示世界出口产品技术水平指数；

在式（3-10）中，$RSCAADD_{ci}$ 表示国家 c 产品 i 经过对称化调整的基于附加值的比较优势指数，$RSCAADD_{ci}$ 的取值范围为 [-1, +1]，

---

[1] 这种处理方法可以纠正非正态分布残差问题，将不对称分布的 RCA 指数转换为对称分布。

如果 RSCAADD$_{ci}$ 为正，则国家 c 的产品 i 具有基于产品附加值的比较优势；反之，如果 RSCAADD$_{ci}$ 为负，则国家 c 的产品 i 不具有基于产品附加值的比较优势。

3. 技术结构高度指数

一种产品的技术高度不仅取决于该产品的技术水平，同时，取决于同一时期、同类产品的技术水平。杜修立和王维国（2007）基于产品技术水平指数，提出了出口贸易的技术结构高度指数。基于产品出口贸易的技术高度指数，一国出口贸易的技术结构高度指数可以定义为以该国各产品出口份额为权重的出口产品技术结构高度指数加权值。这一指数剔除了世界技术进步带来的技术结构升级影响，同时，反映了相对于其他国家，该国出口贸易产品技术结构的时间变化趋势，见式（3-11）、式（3-12）。

$$TCI_{ci} = \frac{PRODY_{ci} - PRODY_{min}}{PRODY_{ci} - PRODY_{max}} \quad (3-11)$$

$$ETCI_c = \sum_i TCI_{ci} \times es_{ci} \quad (3-12)$$

TCI$_{ci}$ 表示国家 c 产品 i 的技术结构高度指数；ETCT$_c$ 表示国家 c 贸易产品技术结构高度指数；es$_{ci}$ 表示国家 c 产品 i 的出口份额。

随着二战后全球化的迅速深化，尤其是 2000 年之后信息技术和现代交通技术的发展，产业分工也逐渐从亚当·斯密时代的产业间分工逐渐深化到产业内分工以及基于产品内分工的价值链分工。衡量贸易结构的指标，也从比较优势指数、产业内贸易指数发展到基于附加值的出口技术指数、技术结构高度指数，衡量指标也越来越体现全球化深化后的分工特征。

二、日本的贸易结构演变

从 20 世纪 70 年代的"亚洲奇迹"，到 21 世纪初"失去的二十年"，日本还有竞争力吗？日本的贸易结构发生了怎样的改变？这对和日本有密切贸易关系的中国，有着很重要的现实意义。

对贸易模式的分析，是国际贸易理论和实证研究中的一个重要主题。真正关乎一国长期增长的是出口什么的问题（祝树金，2010），出口了更多高技术水平产品的国家更能够实现经济的快速增长（Hausmann，2007；姚洋，2008）。作为"东亚模式"的典型代表，对外贸易一直是推动日本经济发展的重要力量。

从日本经济发展史来看，1973年之前，日本出口产品比较优势与世界经济结构同步升级，日本出口产品比较优势获得动态发展，使得这一时期日本对外贸易增长。臼井阳一郎（1994）指出，1985年广场协议后，日本贸易结构开始发生变化，出口对象由美国转向亚洲，出口商品由家电和汽车等耐用消费品转向一般机械等生产资料。成峰（1996）指出，1995年日本出口主导品类已经由20世纪80年代的耐用消费品转变为技术水平较高的生产设备和高级零部件，而组装产业出口下降。对日本进入稳定增长阶段后的贸易模式，洪宇（2012）认为，日本在大多数产品上存在比较优势超过净出口能力的现象，日本的比较优势主要集中在中技术水平产品和高技术电子电力制成品上，但是，该文献衡量比较优势时使用的是传统比较优势指数，没有考虑到贸易产品包含的技术复杂程度因素会对实际的比较优势造成低估。

2000年之后，从分工角度看，日本的贸易结构向产业间分工和产品内分工趋势深化（神津，2002；深尾，2003；小池良司，2004；陈建安，2008）。从贸易模式演变角度看，日本贸易结构出现恶化趋势。普罗德曼和雷丁（Proudman and Redding，2000）研究了法国、德国、日本、英国和美国1973~1994年工业品制造模式的稳定性和流动性，发现日本贸易模式的流动性最弱，从长期来看，日本的比较优势分布更趋向于强优势产业和强劣势产业。丁振辉（2012）研究发现，2000年后日本对外贸易价格条件出现恶化的趋势。苏宏伟和刘志恒（2012）针对日本的高科技产业，采用SITC Rev.2三位数分类的数据对1988~2009年日本高科技产业贸易的年度数据进行分析，发现日本高科技产业在短期内能够维持其技术优势，而从长期来看则受到外部因素的影响而发生变化。

受20世纪80年代后半期以来日元升值的影响，日本产业结构中出现"产业淘汰"效应，低效率和低附加值部门的比重缩小，高效率和高附加值部门的比重不断提高（臼井阳一郎，1994）。日本与发达国家在高端产品的贸易摩擦、与发展中国家在低端产品的贸易摩擦，在范围上不断扩大、在程度上不断深化,同时,日本作为一个高技术密集型国家,正着力于促进技术密集型产品的协调发展和出口,改变"加工贸易型"经济结构,提高出口商品的附加值(陈建安,2008)。

关于日本贸易结构的变化,一种观点认为,日本贸易结构实现了升级。1985年广场协议后,日本贸易结构开始发生变化,关于变化的具体趋势,中外文献都做了大量研究。臼井阳一郎(1994)从日本出口商品对象国的区域结构变化、出口商品结构变化的角度,成峰(1996)从贸易方式结构的角度,康振宇、徐鹏和彭华(2013)从贸易产品增加值的中日比较角度,陆根尧和王晓琳(2011)从中日贸易的竞争性和互补性改变的角度,胡昭玲和宋佳(2013)从中国与日本出口商品价格比较的角度,运用实证数据证实了日本贸易结构存在升级趋势。另一种观点认为,日本贸易结构并没有升级。普罗德曼和雷丁(2000)采用分产业时间序列的显示性比较优势指数研究贸易结构的稳定性和流动性,通过对法国、德国、日本、英国和美国1973～1994年的数据进行比较发现,日本贸易结构被固化,日本具有比较优势的产业和不具有比较优势的产业具有很强的稳定性。洪宇(2012)采用背离倾向指数分析日本1976～2011年的贸易结构,认为日本在大多数贸易产品上存在比较优势超过净出口能力的现象,贸易结构背离了其比较优势。

在技术方法上,臼井阳一郎(1994)、成峰(1996)将贸易结构定义为分类别产品出口数量的比例,普罗德曼和雷丁(2000)、洪宇(2012)将贸易结构定义为不同类别产品的显示性比较优势,这些方法不能完全捕捉贸易产品的技术分布情况。随着新贸易理论的发展,越来越多的实证结果表明,贸易产品的技术结构才是决定一国长期经济增长的关键因素。

第二节 日本贸易产品技术结构演变的实证分析

贸易结构的演进,是包含比较优势和净出口能力变迁的一国贸易结构改变的动态过程。本书从比较优势和净出口能力两个维度对1976～2011年日本的贸易结构进行分析,从动态和静态两个方面对贸易结构演变特征进行分析。本书采用基于产品附加值的显示性比较优势指数来反映贸易产品的技术分布因素。

一、贸易产品技术结构的相关度量指标

(一) 基于产品附加值的比较优势指数

在贸易产品技术结构的测度方法上，劳尔和张（2006）、罗德里克（2006）、豪斯曼（2007）、杨汝岱和姚洋（2008）基于贸易产品的附加值设计了产品技术水平指数，用以衡量一国贸易产品的技术含量。本书以豪斯曼（2007）的贸易产品技术结构的定义为基础，设计了基于贸易产品附加值的显示性比较优势指数，解决了技术水平指数在时间上不可比的问题，与传统的比较优势指数相比较，该指数能够更好地反映贸易产品的技术分布。基于产品附加值的比较优势指数，本章中使用到的主要有以下六种。

1. 单种贸易产品的技术附加值指数

$$\text{PRODY}_{ci} = \sum_c \frac{X_{ci}/X_c}{\sum_c X_{ci}/X_c} Y_c \qquad (3-13)$$

X_{ci} 表示国家 c 产品 i 的出口额；Y_c 表示国家 c 的人均 GDP 水平；PRODY_{ci} 表示国家 c 产品 i 的附加值。X_c 表示国家 c 贸易产品出口总额。

2. 分类别贸易产品的技术附加值指数

$$\text{PRODY}_c^I = \sum_i es_{ci} \text{PRODY}_{ci} \qquad (3-14)$$

PRODY_{ci} 表示国家 c 产品 i 的附加值；es_{ci} 表示国家 c 产品 i 的出口份额率；PRODY_c^I 表示国家 c I 类别贸易产品的技术附加值指数。

3. 一国出口贸易产品的技术附加值指数

$$\text{PRODY}_c = \sum_i es_{ci} \text{PRODY}_{ci} \qquad (3-15)$$

PRODY_c 表示国家 c 全部贸易产品的技术附加值指数。

4. 单种贸易产品经过对称化调整的基于附加值的比较优势指数

$$RSCAADD_{ci} = \frac{RCAADD_{ci} - 1}{RCAADD_{ci} + 1} \qquad (3-16)$$

$RCAADD_{ci}$表示国家 c 产品 i 基于附加值的比较优势指数，见式 (3-9)。

5. 分类别贸易产品的经过对称化调整的基于附加值的比较优势指数

$$RSCAADD_c^I = \sum_{i \in I} es_i RSCAADD_{ci} \qquad (3-17)$$

$RSCAADD_c^I$ 表示国家 c I 类别产品基于附加值的比较优势指数；$RSCAADD_{ci}$表示国家 c 产品 i 基于附加值的比较优势指数，见式 (3-9)；es_i 表示国家 c 产品 i 的出口份额。

6. 一国出口贸易产品的技术附加值指数

$$RSCAADD_c = \sum_i es_i RSCAADD_{ci} \qquad (3-18)$$

$RSCAADD_{ci}$表示国家 c 产品 i 基于附加值的比较优势指数，见式 (3-9)；es_i 表示国家 c 产品 i 的出口份额。

（二）双维度的贸易结构特征

本书从贸易产品技术分布结构和净出口能力的角度，联合定义一国贸易结构的特征，从动态和静态两个方面对贸易结构的演变特征进行分析。以基于产品附加值的比较优势指数衡量贸易产品技术分布变化，以净出口能力指数衡量净出口能力。贸易结构在静态方面具有优势、正背离、负背离、劣势四种特征，贸易模式静态特征，见图 3-1；在动态方面具有动态升级、正背离、负背离、动态衰退四种特征，贸易模式动态特征，见图 3-2。

静态是指，某一产品具有比较优势，同时净出口能力为正，处于贸易模式的优势地位；某一产品比较优势和净出口能力为负，处于贸易模式的劣势地位；某一产品比较优势为正，净出口能力为负，竞争力负背离于高度；某一产品比较优势为负，净出口能力为正，竞争力正背离于高度。

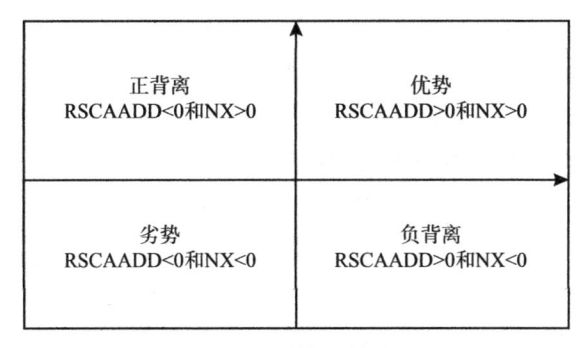

```
┌─────────────────────┬─────────────────────┐
│     正背离          │     优势            │
│ RSCAADD<0和NX>0     │ RSCAADD>0和NX>0     │
├─────────────────────┼─────────────────────┤
│     劣势            │     负背离          │
│ RSCAADD<0和NX<0     │ RSCAADD>0和NX<0     │
└─────────────────────┴─────────────────────┘
```

图 3-1　贸易模式静态特征

资料来源：笔者根据洪宇（2009）有关理论整理绘制而得。

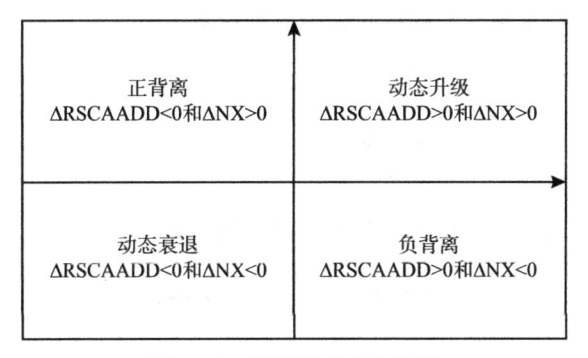

```
┌─────────────────────┬─────────────────────┐
│     正背离          │     动态升级        │
│ ΔRSCAADD<0和ΔNX>0   │ ΔRSCAADD>0和ΔNX>0   │
├─────────────────────┼─────────────────────┤
│     动态衰退        │     负背离          │
│ ΔRSCAADD<0和ΔNX<0   │ ΔRSCAADD>0和ΔNX<0   │
└─────────────────────┴─────────────────────┘
```

图 3-2　贸易模式动态特征

资料来源：笔者根据洪宇（2009）的有关理论整理绘制而得。

动态是指，比较优势和净出口能力同时增加，实现了贸易结构的动态升级；比较优势和净出口能力同时降低，贸易结构动态衰退；比较优势上升、净出口能力下降，净出口能力相对于比较优势负背离；比较优势下降、净出口能力上升，净出口能力相对于比较优势正背离。

（三）技术结构高度指数

贸易产品的技术结构高度，既可以指一种贸易产品的技术水平在某一国贸易产品中的相对分布情况，也可以指该种贸易产品在世界全部贸易产品技术水平的相对高度。在这种意义上，贸易产品的技术结构高度是一个相对值，由该贸易产品的技术水平和同一时期其他贸易产品的技术水平共同决定。

根据上述研究，本书以基于附加值的比较优势指数作为该贸易产品技术水平的衡量指标。本书采用杜修立和王维国（2007）改进的技术结构高度指数衡量日本贸易产品技术结构的改变。

1. 单种产品的贸易技术结构高度指数

$$TCI_{ci} = \frac{PRODY_{ci} - PRODY_{min}}{PRODY_{ci} - PRODY_{max}} \quad (3-19)$$

在式（3-19）中，TCI_{ci}表示国家 c 产品 i 的技术结构高度指数；
$PRODY_{ci}$表示当年国家 c 产品 i 的附加值指数；
$PRODY_{min}$表示当年世界全部贸易产品中附加值指数的最低值；
$PRODY_{max}$表示当年世界全部贸易产品中附加值指数的最高值。

2. 分类别贸易产品的技术结构高度指数

$$ETCI_c^I = \sum_{i \in I} TCI_{ci} \times es_{ci} \quad (3-20)$$

在式（3-20）中，es_{ci}表示国家 c 产品 i 的出口份额；TCI_{ci}表示国家 c 产品 i 的技术结构高度指数。

3. 一国出口贸易产品的技术结构高度指数

$$ETCI_c = \sum_{i}^{n} TCI_{ci} \times es_{ci} \quad (3-21)$$

在式（3-21）中，$ETCT_c$表示国家 c 贸易产品技术结构高度指数；es_{ci}表示国家 c 产品 i 的出口份额；TCI_{ci}表示国家 c 产品 i 的技术结构高度指数。

（四）净出口能力指数

1. 单种贸易产品的净出口能力指数

$$NX_{ci} = \frac{X_{ci} - M_{ci}}{X_{ci} + M_{ci}} \quad (3-22)$$

在式（3-22）中，NX_{ci}表示国家 c 产品 i 的净出口指数；X_{ci}表示国家 c 产品 i 的出口数额；M_{ci}表示国家 c 产品 i 的进口数额；NX_{ci}表示 c 国 i 种产品的净出口能力指数。

2. 分类别贸易产品的净出口能力指数

$$NX_c^I = \sum_{i \in I} es_{ci} \times NX_{ci} \quad (3-23)$$

在式 (3-23) 中，NX_c^I 表示国家 c 技术水平为 I 类的贸易产品净出口能力指数；es_{ci} 表示国家 c 产品 i 的出口份额；NX_{ci} 表示国家 c 产品 i 的净出口能力指数。

3. 一国贸易产品的净出口能力指数

$$NX_c = \sum_{i=1}^{n} es_{ci} \times NX_{ci} \qquad (3-24)$$

在式 (3-24) 中，NX_c 表示国家 c 的净出口能力指数；es_{ci} 表示国家 c 产品 i 的出口份额；NX_{ci} 表示国家 c 产品 i 的净出口能力指数。

(五) 出口商品的技术分类

根据高技术水平产品目录或者生产涉及的技术活动和要素投入对出口产品进行技术分类，通过考察一国不同技术分类产品构成的变化反映出口技术含量变迁。劳尔（2000）综合考虑不同产品的生产要素投入以及生产涉及的技术活动，对应 SITC Rev. 2 的三分位数分类代码，提出了综合性的出口技术分类标准，将 239 种产品按照技术构成细分为十类：农林加工产品（RB1）、其他资源型产品（RB2）、纺织服装产品（LT1）、其他低技术水平产品（LT2）、汽车工业产品（MT1）、中技术水平产品（MT2）、工程机械产品（MT3）、电子电力产品（H1）和其他高技术水平产品（H2）。

(六) 数据来源

本章采用联合国贸易与发展组织的 SITC Rev. 2 三分位数分类数据，对 1976~2011 年日本贸易结构的静态演变特征和动态演变特征进行分析。同时，本章根据劳尔（2000）的方法将日本贸易产品按照技术水平划分为十种类型，从细分技术类型分析不同类型产品贸易结构演进的特征。

二、1976~2011 年日本的贸易结构演进特征

基于前述方法，本章根据式 (3-13)~式 (3-24)，利用联合国国际贸易统计数据库的数据、世界银行的世界发展指标等数据，计算了

1976~2011年日本 SITC Rev.2 三分位数贸易产品的出口产品技术附加值、出口产品技术水平指数、贸易产品基于附加值的比较优势指数、贸易产品技术高度指数、日本贸易产品技术高度指数。本章将从描述性统计、日本总体贸易结构演变特征、细分类别产品贸易结构演进特征三个方面，分析 1976~2011 年日本的贸易结构演进特征。

(一) 描述性统计：比较优势的静态分析

为了更清晰地把握日本贸易结构的演进特征，本章依据式 (3-10) 计算了日本 SITC Rev.2 标准下全部三分位数贸易产品的基于附加值的比较优势指数，并对全部贸易产品的比较优势指数进行了描述性统计分析。

一个国家在某一时点上贸易产品的贸易结构演进特征，可以由全部产品的比较优势分布描绘。通过对样本数据的统计描述，可以从整体上把握样本数据的分布情况。我们对根据式 (3-16) 计算的日本贸易产品的 RSCAADD 数值进行分析。使用 1976~2011 年的数据，对每隔十年的数据进行截面分析。1986 年广场协议签订、1997 年亚洲金融危机和 2008 年全球金融危机发生，因此，截取 1976 年、1986 年、1997 年、2008 年、2011 年五个年份的数据进行截面分析。

日本重点年份比较优势指数截面分析，见表 3-1。表中分别列出了日本重点年份显示性比较优势指数的平均值、标准差、方差、偏度、峰度、10%分位数、25%分位数、50%分位数、75%分位数、90%分位数、99%分位数以及相应分位数的最大值、最小值。表中的数据表明，日本出口产品比较优势的品类分布极不均匀，出口产品主要集中在少数具有较高比较优势的产品种类上，比较优势的分布具有一个长长的右拖尾。1986 年之后，峰度和偏度都降低，具有比较优势的产品增多，出口产品的比较优势差距在拉大。从平均值可以看出，以 1997 年为转折点，日本出口产品的比较优势总体先下降，再上升。10%分位数、25%分位数、50%分位数保持相对稳定，75%分位数、90%分位数、99%分位数以 1986 年为转折点，先下降，再上升。日本贸易产品的总体比较优势，在 1997 年之后由下降转为上升，其中，具有较高比较优势的产品在 1986 年之后开始增长，比较优势为负的贸易产品的比较优势保持相对稳定。由表 3-1 可以看出，日本贸易产品比较优势分布极不均匀，出口份额较大的商品集中在少量具有较高比较优势的品种上。

表 3-1　　　　日本重要年份比较优势指数截面分析

基于附加值的比较优势指数（RSCAADD）

项目	1976 年	1986 年	1997 年	2008 年	2011 年
均值	-0.525789	-0.5663144	-0.5787388	-0.5572795	-0.5429501
标准差	0.498131	0.505332	0.5071858	0.5239043	0.5257773
方差	0.2481345	0.2553604	0.2572375	0.2744757	0.2764417
偏度	1.026802	1.194236	1.162968	1.109914	1.059645
峰度	3.093387	3.310821	3.232742	3.038808	2.947345
10%	-0.9978436	-0.9977104	-0.9985802	-0.9988911	-0.998809
最小值	-0.9999869	-0.999981	-0.9999807	-0.9999985	-0.9999959
25%	-0.9599007	-0.9719538	-0.9816886	-0.9775515	-0.975408
最小值	-0.9999855	-0.999956	-0.9999498	-0.9999946	-0.9999929
50%	-0.7161991	-0.7877891	-0.8333103	-0.8175941	-0.7837353
75%	-0.2213537	-0.3342483	0.2341336	-0.2314161	-0.17748983
最大值	0.7489899	0.762691	0.7145205	0.742417	0.7878401
90%	0.2983782	0.2860549	0.2124123	0.3603770	0.3781361
最大值	0.8320943	0.779363	0.7517342	0.7590441	0.7956274
99%	0.8320943	0.779363	0.7517342	0.7590441	0.7956274
最大值	0.8983639	0.9270689	0.8971791	0.930751	0.9040504

注：表中带方框的数据是为了提示数据分布的异常情况。
资料来源：笔者根据联合国商品贸易统计（comtrade）数据库的相关数据整理而得。

（二）日本总体贸易结构特征

本章将利用上述计算的日本贸易结构相关数据，从日本总体贸易结构演变趋势、日本贸易结构静态特征、日本贸易结构动态特征三个方面，分析日本总体贸易结构特征。

1. 日本总体贸易结构演变趋势

1976~2011 年日本显示性比较优势指数和净出口能力指数，见图 3-3。日本显示性比较优势指数和净出口能力指数的描述性统计，见表 3-2。从图 3-3 和表 3-2 可以看出，1976~2011 年的重点年份，日本贸易产品比较优势指数保持相对稳定，最大值出现在 2008 年；净出口能力指数波动较大，最大值出现在 1986 年；1986 年之后，净出口能力指数呈明显下降趋势，并在 2008 年达到最低值，2008 年之后，净出口能力指数小幅上升。

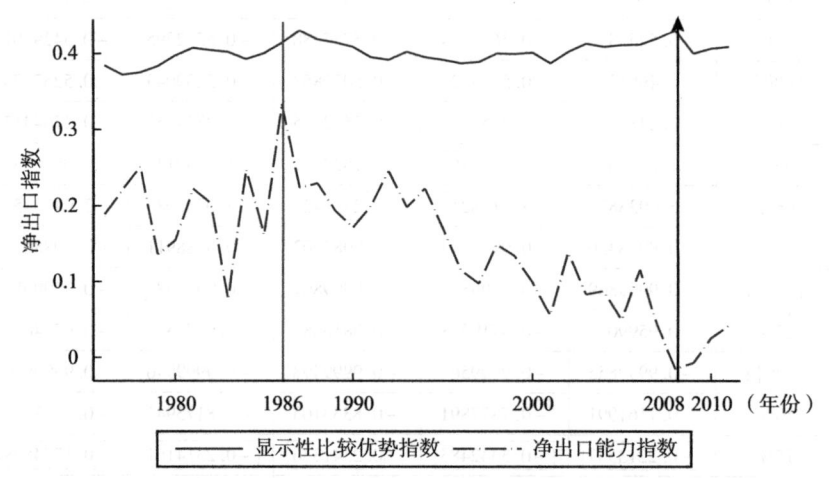

图 3-3 1976~2011 年日本显示性比较优势指数和净出口能力指数

资料来源：笔者根据联合国商品贸易统计数据库的相关数据计算整理绘制而得。

表 3-2　日本显示性比较优势指数和净出口能力指数的描述性统计

变量	Obs	Mean	Std. Dev.	Min	Max
显示性比较优势指数	36	0.4011265	0.0133328	0.3720627 (2007 年)	0.4297025 (2008 年)
净出口能力指数	36	0.1457335	0.0816655	-0.015378 (2008 年)	0.3343096 (1986 年)

资料来源：笔者根据联合国商品贸易统计数据库的相关数据计算整理而得。

2. 日本贸易结构静态特征

1976~2001 年日本的重点年份贸易结构静态特征，见表 3-3。

表3-3　　　1976~2001年日本的重点年份贸易结构静态特征　　　单位：%

重点年份	1 绝对优势		2 负背离		3 正背离		4 绝对劣势	
	数量占比	贸易量占比	数量占比	贸易量占比	数量占比	贸易量占比	数量占比	贸易量占比
1976	16.13	75.84	0.00	0.00	35.94	19.54	47.93	4.62
1986	16.13	79.83	0.00	0.00	34.56	16.27	49.31	3.91
1997	16.13	77.02	0.46	0.72	28.11	15.93	57.14	6.33
2008	16.13	77.09	1.38	3.72	23.04	10.67	61.75	8.52
2011	17.51	75.09	1.84	4.98	21.66	10.12	61.29	9.81

注：数量占比表示具有该静态特征的贸易产品种类数量占日本全部贸易产品种类数量的比重；贸易量占比表示具有该静态特征的贸易产品种类数量占日本全部贸易量的比重。
资料来源：笔者根据联合国商品贸易统计数据库的相关数据计算整理而得。

从比较优势和净出口能力的静态贸易模式特征看，2011年，17.51%的贸易产品具有绝对优势，贡献了当年出口总量的75.09%，同时，61.29%的贸易产品具有绝对劣势，对贸易量的贡献为9.81%。1976~2011年，占据绝对优势地位的贸易产品在数量和出口比重上保持相对稳定，占据绝对劣势的贸易产品在数量上增加，同时，出口比重也增加。具有比较优势但是净出口能力为负的贸易产品2011年增加到4.98%。不具有比较优势但是净出口为正的产品，由全部产品种类的35.94%下降到21.66%，同时，占出口总量的比重也由19.54%下降到10.12%。从静态比重来看，2011年少数具有绝对优势的贸易产品贡献了3/4的出口比重，大量（61.29%）绝对劣势的产品对出口的总贡献不到10.00%；但是，绝对优势产品的数量和出口比重增长停滞，绝对劣势产品数量和出口比重增加，正背离产品减少，负背离产品增加，说明日本的贸易结构正在优化调整过程中。

3. 日本贸易结构动态特征

1976~2011年日本贸易结构动态特征，见表3-4。从贸易模式的动态变迁角度看，1976~2011年，17.51%的贸易品实现了贸易模式的升级，占2011年总出口的15.65%。但是，有38.71%的贸易品发生了结构性衰退，占2011年总出口的32.20%。贸易衰退在贸易品种类和出口量方面超过升级趋势。31.80%的产品负背离，占当年出口总量的

34.34%；13.36%的产品正背离，占当年出口总量的17.80%。净出口能力与比较优势的变动方向不一致，主要是产业内分工以及产品内分工造成了同类别产品不同环节中间产品的跨国采购。

表3-4采用SITC Rev.2三分位数的贸易数据进行计算，无法排除三分位数分类内部因产品内分工造成的零部件进出口关系。负背离意味着净出口能力下降的同时，比较优势上升，主要是源于对低水平中间产品的采购。20世纪80年代之后，日元升值，日本开始进行对外产业转移，将一些不具有成本优势的产业转移到其他国家，由此形成了日本和东道国的双边贸易关系。随着东道国经济发展水平的提高，这些国家不仅向日本出口低水平的最终需求产品，也出口技术水平相对较高的中间产品，因此，出现了贸易模式的负背离和贸易模式的正背离。负背离主要缘于中间产品的大量进口，正背离主要缘于中间产品的大量出口。1997年之后，负背离产品呈下降趋势，正背离产品呈上升趋势。从整体上看，日本的贸易模式呈现恶化趋势。

表3-4　　　　　1976~2011年日本贸易结构动态特征　　　　　单位：%

年份阶段	1 升级 数量占比	1 升级 贸易量占比	2 负背离 数量占比	2 负背离 贸易量占比	3 正背离 数量占比	3 正背离 贸易量占比	4 衰退 数量占比	4 衰退 贸易量占比
1976~1986年	27.65	48.88	30.41	11.37	16.13	17.08	25.81	22.67
1986~1997年	23.50	2.09	27.19	40.98	12.90	7.80	38.25	49.13
1997~2008年	21.66	29.71	26.27	29.39	16.13	14.89	38.25	26.01
2008~2011年	28.11	32.19	14.29	13.54	24.42	21.53	35.02	32.74
1976~2011年	17.51	15.65	31.80	34.34	13.36	17.80	38.71	32.20

注：表中带方框的数据是为了提示数据分布的显著特征。
资料来源：笔者根据联合国商品贸易统计数据库的相关数据计算整理而得。

(三) 日本细分类别贸易结构演变特征

为了进一步细化日本贸易产品的贸易结构演变特征,依据劳尔(2000)的方法,将日本的贸易产品按照技术水平由低到高分为农林加工产品、其他资源型产品、纺织服装产品、其他低技术水平产品、汽车工业产品、中等技术加工产品、工程机械产品、电子电力产品和其他高科技产品,共计十类。依据式 (3-22) 计算了这些细分类别产品贸易的贸易结构指数,从细分类别产品贸易结构演变特征、细分类别产品贸易结构静态特征和细分类别产品贸易结构动态特征三个方面,分析其产品贸易结构演变特征。

1. 日本细分类别产品贸易结构演变趋势

按照技术水平不同划分的十种细分类别贸易产品,1976~2011 年日本分类别贸易结构演进趋势,见图 3-4。

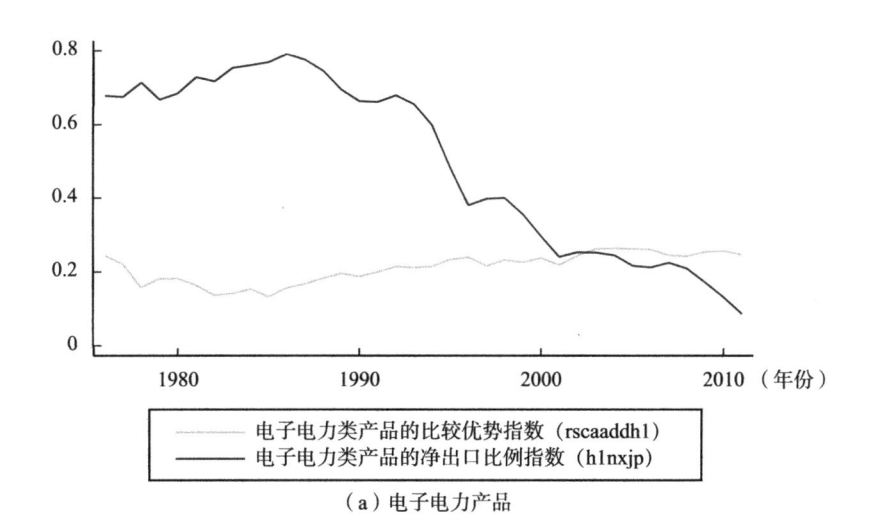

(a) 电子电力产品

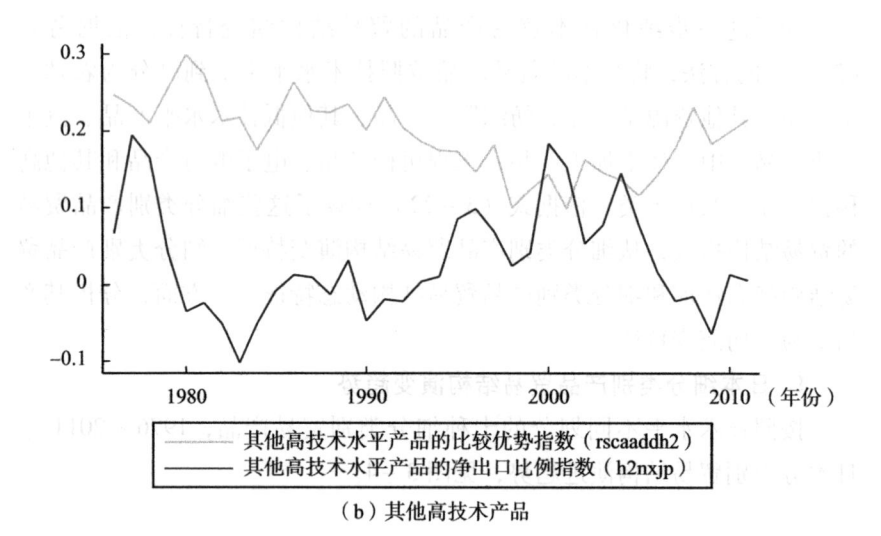

—— 其他高技术水平产品的比较优势指数（rscaaddh2）
—— 其他高技术水平产品的净出口比例指数（h2nxjp）

（b）其他高技术产品

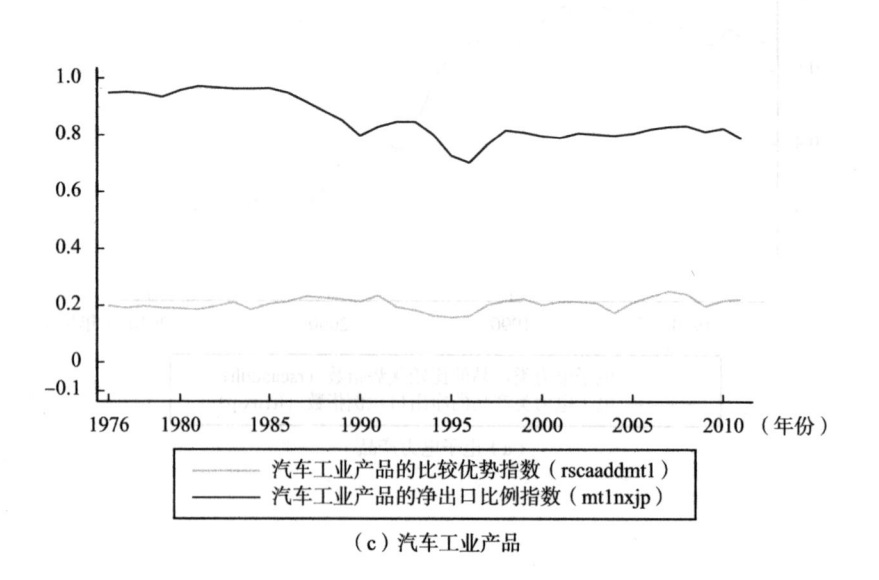

—— 汽车工业产品的比较优势指数（rscaaddmt1）
—— 汽车工业产品的净出口比例指数（mt1nxjp）

（c）汽车工业产品

(d）工程机械产品

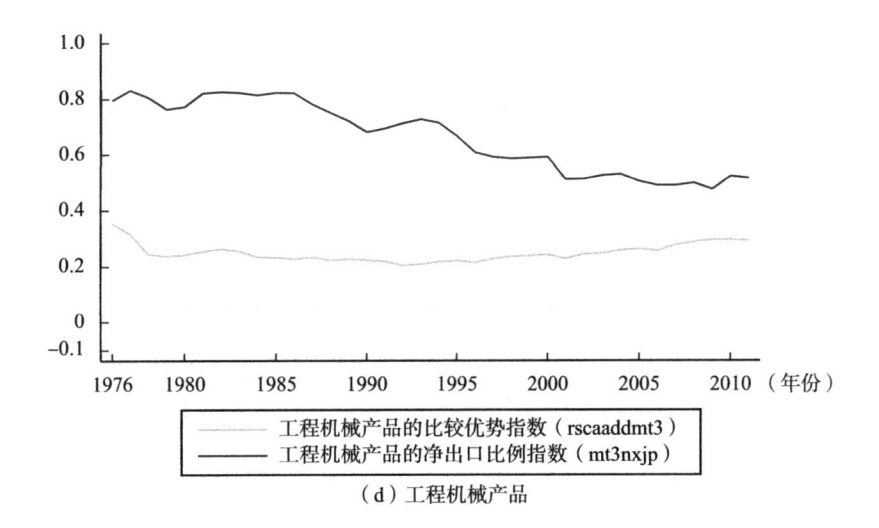

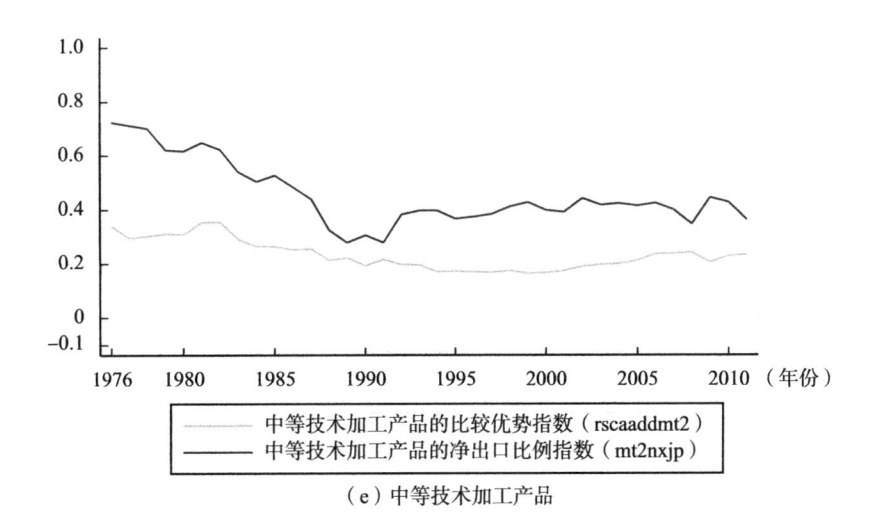

(e）中等技术加工产品

（f）纺织服装产品

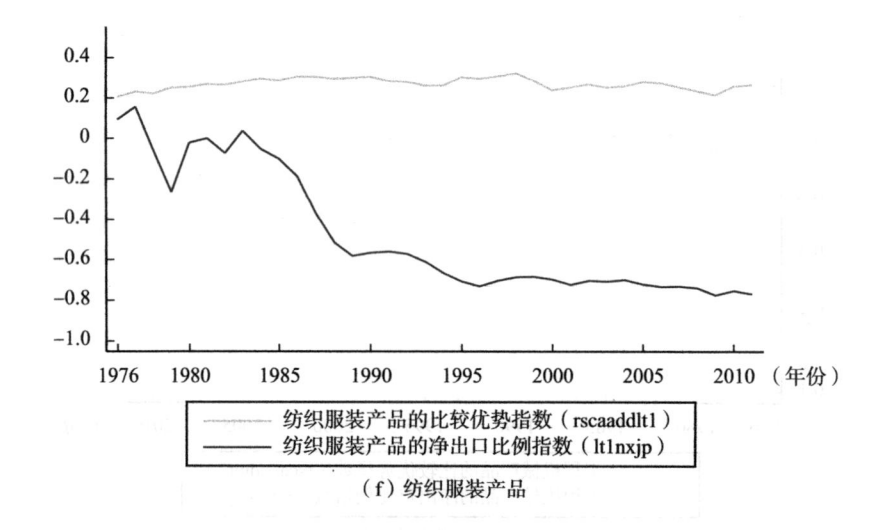

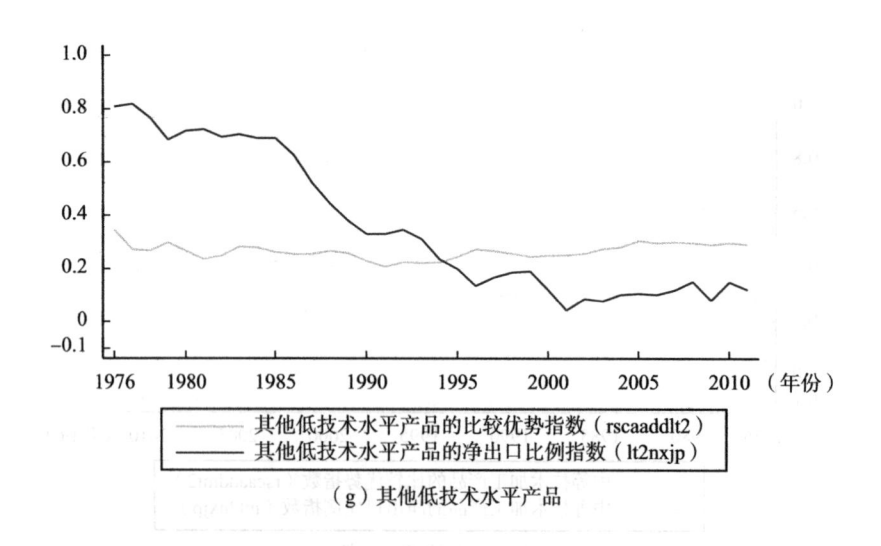

（g）其他低技术水平产品

（h）农林加工产品

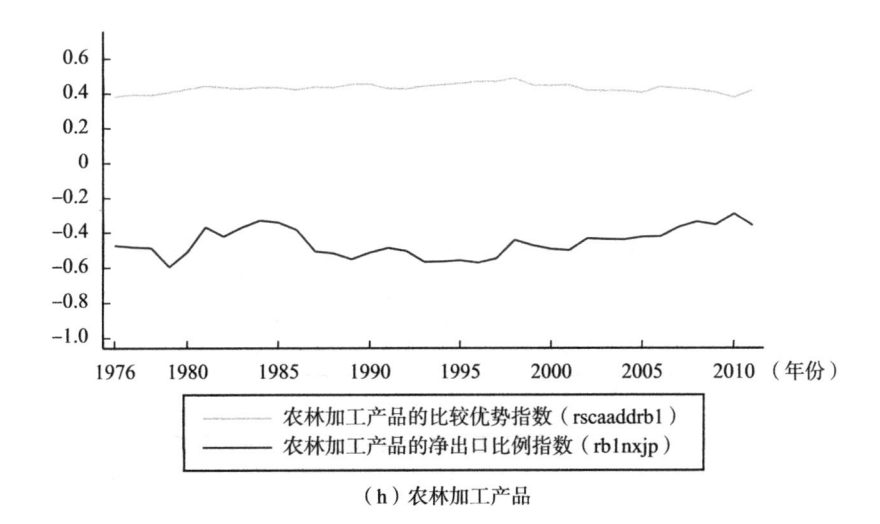

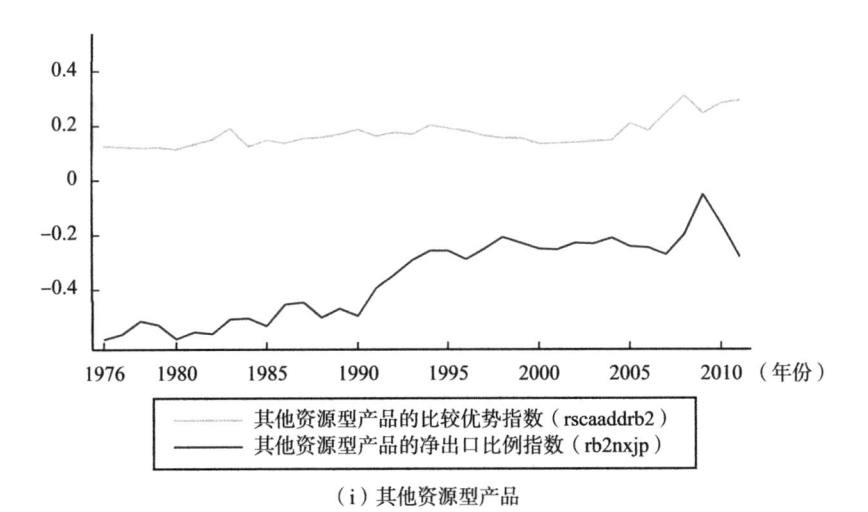

（i）其他资源型产品

(j) 初级产品

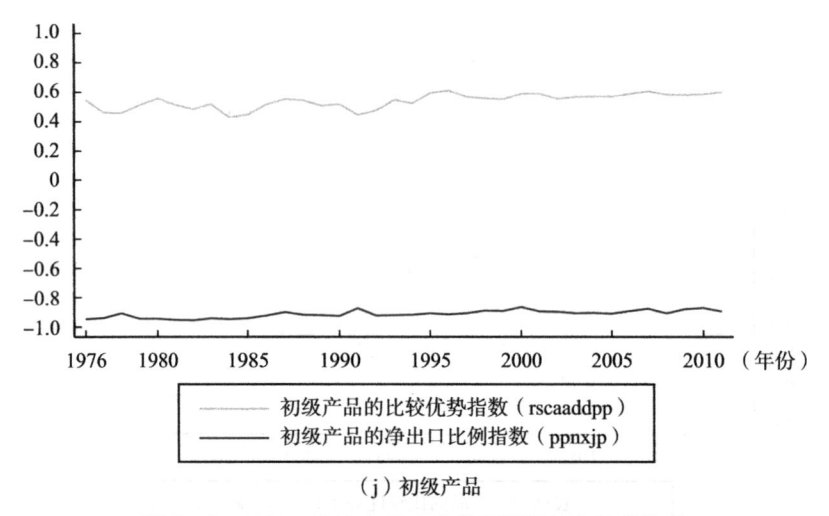

图3-4　1976~2011年日本分类别贸易结构演进趋势

资料来源：笔者根据联合国商品贸易统计数据库和世界银行世界发展指数（WDI）数据库的相关数据整理绘制而得。

从贸易产品的细分类别来看，电子电力产品比较优势指数稳中有升，但净出口能力指数在1986年后趋势性下降，其他高技术水平产品比较优势指数相对稳定，净出口能力指数呈波动状态。汽车工业产品、工程机械产品、中等技术加工产品的比较优势指数和净出口能力指数都保持较高的正值，比较优势指数相对稳定，净出口能力指数呈缓慢下降趋势。纺织服装产品和其他低技术水平产品比较优势指数为正，但是，净出口能力指数快速下降。农林加工产品、其他资源型产品、初级产品的比较优势指数和净出口能力指数都相对稳定，而且，其中，其他资源类产品净出口状况好转。日本具有净出口优势的产品，主要集中于汽车工业产品、工程机械产品、中等技术加工产品、纺织服装产品和其他低技术水平产品。进入20世纪80年代之后，净出口能力下降，纺织服装产品净出口比例指数持续为负。农林加工产品、其他资源型产品、初级产品净出口能力指数保持稳定的负值，主要原因在于，日本是一个资源进口依赖型国家。

2. 日本细分类别产品贸易结构静态特征

2011年，日本在电子电力产品、其他高技术水平产品、汽车工业产品、工程机械产品、中等技术加工产品、其他低技术水平产品、农林加工产品上具有绝对优势的产品占该类别贸易量的 70%~80%，纺织服装产品具有绝对优势的产品占出口总量的 60.93%，其他资源型产品和初级产品大部分不具有绝对优势，1976 年和 2011 年日本分类别产品贸易结构静态特征，见表 3-5。

表 3-5　1976 年和 2011 年日本分类别产品贸易结构静态特征　　单位：%

产品类别	静态特征	1 绝对优势 1976 年贸易量占比	1 绝对优势 2011 年贸易量占比	2 负背离 1976 年贸易量占比	2 负背离 2011 年贸易量占比	3 正背离 1976 年贸易量占比	3 正背离 2011 年贸易量占比	4 绝对劣势 1976 年贸易量占比	4 绝对劣势 2011 年贸易量占比
高技术水平产品	电子电力产品	86.29	**70.79**	0.00	10.48	11.92	13.23	1.79	5.51
高技术水平产品	其他高技术水平产品	71.75	**73.62**	0.00	0.00	17.63	5.66	10.62	20.72
中技术水平产品	汽车工业产品	77.80	86.15	0.00	0.00	22.20	13.85	0.00	0.00
中技术水平产品	工程机械产品	69.81	79.28	0.00	0.00	25.59	13.35	4.60	7.37
中技术水平产品	中等技术加工产品	74.48	79.46	0.00	0.00	24.94	14.39	0.58	6.14
低技术水平产品	纺织服装产品	73.08	60.93	0.00	20.74	5.24	3.02	21.68	15.31
低技术水平产品	其他低技术水平产品	69.64	73.19	0.00	6.02	29.22	6.91	0.00	13.87
资源型产品	农林加工产品	76.52	69.45	0.00	15.72	9.54	0.92	0.00	13.91
资源型产品	其他资源型产品	71.75	38.12	0.00	**44.62**	14.25	0.00	14.00	17.26
初级产品	初级产品	6.31	45.52	**83.01**	**39.60**	1.42	3.93	9.26	10.95

注：高技术水平产品、中技术水平产品、低技术水平产品、资源型产品、初级产品基于劳尔（2000）的划分标准。

资料来源：笔者根据联合国商品贸易统计数据库和世界银行世界发展指数数据库数据计算整理而得。

从表3-5可以发现，2011年高技术水平产品中的大部分处于绝对优势地位，但是净出口能力较弱。中技术水平产品79.46%的产品类别处于绝对优势，并且比较优势保持稳定，但是，净出口能力呈下降趋势。低技术水平产品中一半以上处于绝对劣势，比较优势保持相对稳定，但是，净出口能力在20世纪80年代之后急剧下降。相对于其他类别，其他资源型产品和初级产品负背离倾向明显，主要原因在于日本是资源进口型国家，也侧面验证了负背离的形成机理源于中间产品的大量进口。汽车工业产品、工程机械产品、中等技术加工产品、其他低技术水平产品、其他高技术水平产品的正背离比重下降，原因在于新兴市场国家经济发展水平提高，日本在这些产品类别上中间产品出口优势下降。

从细分产品类别来看，日本的高技术水平产品、中技术水平产品的大部分贸易模式都处于绝对优势地位。

3. 日本细分类别贸易结构动态特征

1976~2011年日本进口、出口技术结构高度，见图3-6。从动态特征来看，电子电力产品和其他高技术水平产品中实现贸易模式升级的产品占该类别产品出口比重分别为38.46%和49.22%，高技术水平产品中较大部分实现了贸易模式升级；汽车工业产品中的63.35%呈负背离特征，负背离主要原因在于中间产品的大量进口。农林加工产品和初级产品负背离特征明显，主要原因在于日本对于农林加工产品和初级产品的市场保护；在中等技术加工产品中53.34%呈正背离特征，主要原因在于中间产品大量出口；高技术水平产品、中技术水平产品和低技术水平产品中较大部分动态衰退，以工程机械产品、纺织服装产品和其他低技术水平产品尤其明显。日本的贸易模式受到了新兴市场国家比较优势发展和净出口能力提高的双重影响，呈现出较明显的动态衰退特征。

从总体来看，日本高技术水平产品中较大部分实现了贸易模式升级，处于静态优势地位的中技术水平产品存在贸易结构动态衰退趋势。来自新兴市场国家的外部压力日渐严峻，但内生升级不够，贸易产品衰退的规模要大于贸易产品升级的规模。

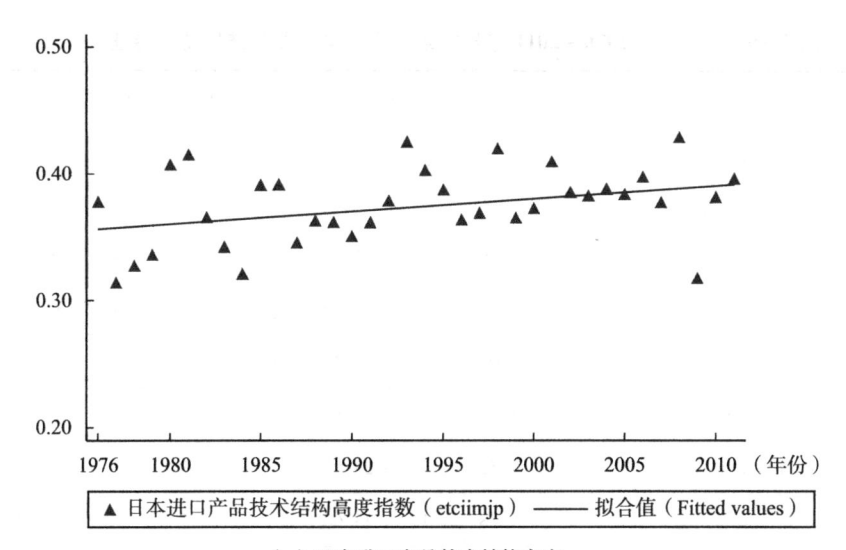

(a)日本进口产品技术结构高度

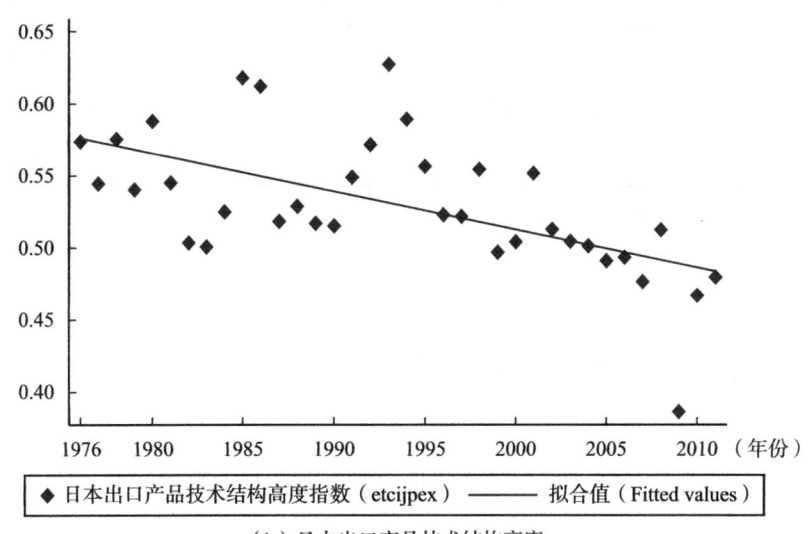

(b)日本出口产品技术结构高度

图 3-5　1976~2011 年日本进口、出口技术结构高度

资料来源：笔者根据联合国商品贸易统计数据库和世界银行世界发展指数数据库的相关数据计算整理绘制而得。

1976~2011 年日本细分产品类别贸易结构动态特征，见表 3-6。

表 3-6　　　　　1976~2011 年日本细分产品类别贸易结构动态特征

动态特征	1 贸易模式升级 产品类别数量	比重(%)	2 负背离 产品类别数量	比重(%)	3 正背离 产品类别数量	比重(%)	4 动态衰退 产品类别数量	比重(%)
电子电力产品	1	38.46	2	24.48	4	20.35	4	16.71
其他高技术水平产品	1	49.22	1	4.70	1	11.37	4	34.72
汽车工业产品	0	0.00	2	63.35	0	0.00	3	36.65
工程机械产品	2	1.13	9	26.85	4	16.06	7	55.96
中等技术水平产品	3	3.52	7	23.52	8	53.34	12	19.62
纺织服装产品	7	7.38	4	33.60	3	4.50	6	54.52
其他低技术水平产品	1	0.00	8	18.91	2	5.23	11	75.87
农林加工产品	11	1.33	13	65.59	2	9.66	9	23.42
其他资源型产品	4	17.60	5	4.98	2	9.56	16	67.87
初级产品	10	1.14	16	69.38	5	19.80	15	9.68

注：比重为 2011 年该特征产品占该类别产品的出口比重。
资料来源：笔者根据联合国商品贸易统计数据库和世界银行世界发展指数数据库的相关数据计算整理而得。

三、日本的贸易结构演进原因分析

（一）日本比较优势的演变原因分析：基于马尔可夫转移矩阵

为了深入分析日本贸易产品比较优势的演变趋势和稳定程度，本章构造了马尔可夫转移矩阵。马尔可夫转移矩阵可以反映一个事件从一种状态转变为另一种状态的概率，用以说明事件演变过程中的稳定性和流动性。普罗德曼和雷丁（2000）、巴斯利（Brasili，2000）、何树全（2008）、尚涛（2011）、陶菁和顾庆良（2011）等，用这种方法分析比较优势的变迁特征。本章利用马尔可夫转移矩阵，从稳定性角度分析日本贸易产品比较优势的演变。

将日本贸易产品按 1976 年的比较优势指数四分位数分为四类，从低到高分为 1、2、3、4 四组，计算了 1976~1986 年、1986~1997 年、1997~2008 年、2008~2011 年的马尔可夫转移矩阵，① 前三组间隔年份较为接近，具有可比性，马尔可夫转移矩阵分析结果，见表 3-7。② 结果表明，当前的比较优势在很大程度上由过去的比较优势所决定，比较优势有明显的固化趋势。③

表 3-7　　　　　　马尔可夫转移矩阵分析结果　　　　　　单位：%

	组别	1	2	3	4
1976~ 2011 年	1	82.61	15.22	2.17	0.00
	2	25.49	45.10	21.57	7.84
	3	6.25	25.00	40.63	28.13
	4	0.00	5.45	29.09	65.45
	组别	1	2	3	4
1976~ 1986 年	1	93.48	6.52	0.00	0.00
	2	13.73	70.59	15.69	0.00
	3	0.00	26.56	65.63	7.81
	4	0.00	0.00	17.86	82.14
	组别	1	2	3	4
1986~ 1997 年	1	94.12	5.88	0.00	0.00
	2	21.43	69.64	8.93	0.00
	3	0.00	30.51	52.54	16.95
	4	0.00	0.00	11.76	88.24

---

① 和前文分析总体演变趋势时截取的 1976 年、1986 年、1997 年、2008 年、2011 年五个年份保持一致。
② 矩阵的列表示初始年份的分组，矩阵的行表示最终年份的分组。
③ 转换矩阵对角线（左上到右下）单元格数字表示各组比较优势数值停留在本组的概率，表示比较优势的稳定性，其余各元素表示本组转移到其他组的概率。

续表

	组别	1	2	3	4
1997～2008年	1	88.71	9.68	1.61	0.00
	2	6.67	71.67	21.67	0.00
	3	0.00	9.52	71.43	19.05
	4	0.00	0.00	12.73	87.27
	组别	1	2	3	4
2008～2011年	1	96.61	3.39	0.00	0.00
	2	1.89	84.91	13.21	0.00
	3	0.00	3.92	88.24	7.84
	4	0.00	0.00	3.57	96.43

资料来源：笔者根据联合国商品贸易统计数据库和世界银行世界发展指数数据库的相关数据计算整理而得。

综上可知，1976～2011年日本贸易产品的比较优势处于一种较为稳定的状态，日美贸易摩擦、日元升值、亚洲新兴市场国家兴起等日本外部经济条件的变化和日本"泡沫经济"崩溃等内部经济条件的变化，并没有对日本的比较优势造成根本性冲击。从长期看，比较优势的稳定性造成了比较优势的固化，在全球贸易产品技术结构提升的背景下，反而降低了日本贸易产品相对于世界水平的技术优势。

从图3-5可以看出，日本出口产品技术结构高度呈下降趋势而日本进口产品技术结构高度呈上升趋势，这从侧面验证了日本技术优势的丧失。只有在比较优势具有较强稳定性的条件下同步实现贸易产品技术结构高度的升级，才能够实现比较优势的可持续发展。

（二）日本净出口能力演变与贸易结构高度

一国贸易产品的净出口能力，受到该国资源禀赋、进口结构、汇率、价格弹性等很多因素的影响，本章主要从出口产品技术结构高度的角度对净出口能力进行分析。

出口产品技术结构高度指数和出口产品技术水平指数，见图3-6。

从图 3-6 可以看出，1976~2011 年，日本出口产品的技术水平处于上升趋势，但是，出口产品技术结构高度指数在下降，进入 2000 年之后，出口产品技术结构高度指数低于 0.50，相对于世界水平，日本不再具有技术高度上的优势，日本的技术优势正在丧失。

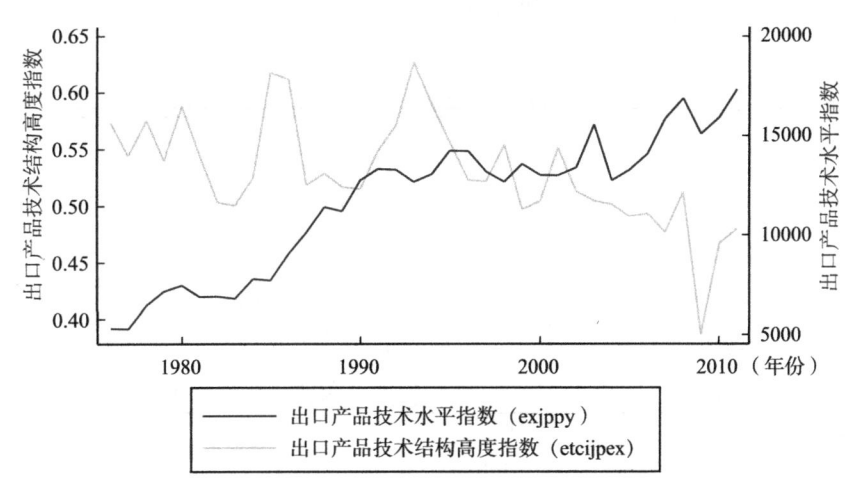

图 3-6　出口产品技术结构高度指数和出口产品技术水平指数

资料来源：笔者根据联合国商品贸易统计数据库和世界银行世界发展指数数据库的相关数据计算整理绘制而得。

从图 3-5 可以看出，1986 年是日本的黄金时代，日本同时具有技术结构高度优势和净出口能力优势，1986 年之后，技术结构高度波动性下降，同时，净出口能力萎缩。

日本贸易模式演变，见图 3-7，说明了分产品类别的净出口能力指数和技术结构高度指数的相关性，七大类产品净出口能力与产品技术结构高度指数正相关，产品技术结构高度指数下降，即日本技术优势能力逐步丧失，造成了日本净出口能力下降。2011 年，和之前年份相比，日本既不具有技术结构高度优势，又没有净出口能力优势。这对于以出口为经济增长重要推动力量的日本来说，未来将面临严峻的形势。

（a）1979~1986年日本贸易模式演变

（b）1986~2011年日本贸易模式演变

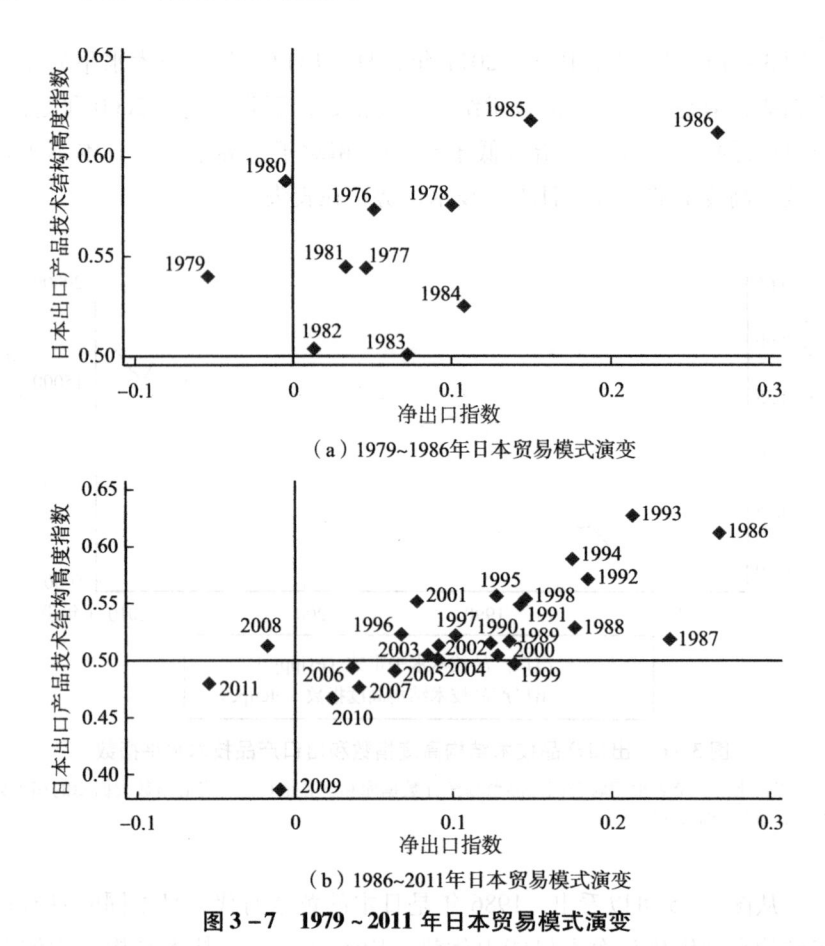

图 3-7　1979~2011 年日本贸易模式演变

资料来源：笔者根据联合国商品贸易统计数据库和世界银行世界发展指数数据库的相关数据计算整理绘制而得。

（三）净出口能力演变分析结果

本章对净出口能力指数与贸易结构高度指数的关系进行格兰杰因果关系检验，结果表明，净出口能力指数与技术结构高度指数呈双向格兰杰因果关系，二者具有密切关系。同时，本章按照对细分产品类别的净出口能力指数和技术结构高度指数进行了泊松相关性检验，发现七大类产品的净出口能力指数与技术结构高度指数正相关，并且具有统计显著性。日本分类别产品净出口能力指数与技术结构高度指数的泊松系数，见表 3 - 8。[①]

表 3 - 8   日本分类别产品净出口能力指数与技术结构高度指数的泊松系数

项目	H1nx	H2nx	Mt1nx	Mt2nx	Mt3nx	Lt1nx	Lt2nx	Rb1nx	Rb2nx	PPnx
H1etci 泊松系数	**0.6644**	0.0504	**0.4294**	**0.3982**	**0.6175**	0.1382	**0.4673**	0.0676	**-0.4419**	**-0.4421**
显著性	**0.0000**	0.7704	**0.0090**	**0.0162**	**0.0001**	0.4216	**0.0041**	0.6951	**0.0070**	**0.0069**

资料来源：笔者根据联合国商品贸易统计数据库和世界银行世界发展指数数据库的相关数据计算整理而得。

综上可知，技术结构高度指数下降，意味着日本净出口能力下降。1976~2011 年日本净出口能力指数和出口产品技术结构高度指数，见图 3 - 8，综合表 3 - 8 和图 3 - 8，1976~2011 年日本出口产品的贸易结构高度指数在下降，2000 年之后的技术结构高度指数低于 0.5，从总体上看，相对于世界水平，日本不再具有技术高度优势。1986 年之后，日本技术结构高度下降。

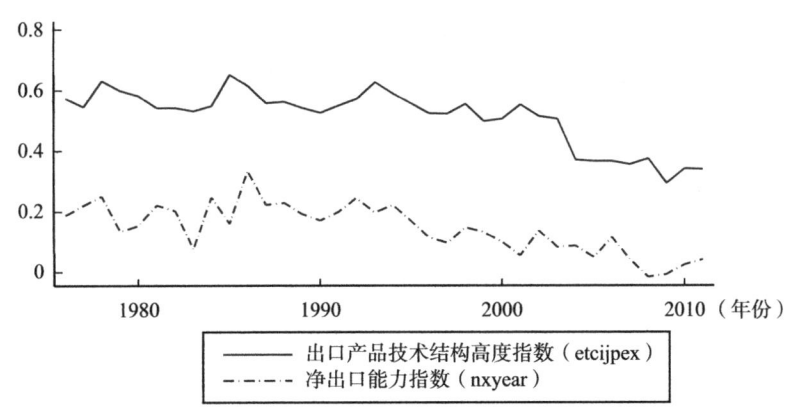

图 3 - 8   1976~2011 年日本净出口能力指数和出口产品技术结构高度指数

资料来源：笔者根据联合国商品贸易统计数据库和世界银行世界发展指数数据库的相关数据计算整理绘制而得。

---

① 关于细分产品的分类以及相应缩写，见本书第二章研究方法中劳尔（2000）的分类。

图3-8纵轴为日本整体出口产品技术结构高度指数情况，可以看出，1986年以后日本的贸易产品技术结构高度指数逐年下降。由式（3-13）可知，贸易产品的技术结构高度指数是一个相对值，代表式（3-7）依据技术附加值定义计算的该种贸易产品的技术水平在全部贸易产品中的相对位置，代表该种贸易产品相对于全部贸易产品技术结构高度的相对水准。如果某种贸易产品的技术结构高度指数小于0.5，意味着该种贸易产品在全部贸易产品中技术水平排序低于50%，不具有技术结构高度优势。

依据式（3-12）计算出某一国的技术结构高度指数，该指数是一个以该种贸易产品出口份额为权重的加权值，用于衡量一国全部贸易产品的技术结构高度。该指数若小于0.5，意味着该国主要贸易产品技术结构高度指数小于0.5，即相对于世界贸易整体，该国贸易产品的技术结构高度低于0.5，因此，该国不具有技术结构高度优势。

由表3-8可知，日本七大类产品净出口能力与技术结构高度指数正相关，结合图3-7中1986年后日本贸易模式的改变，可以发现1986年以后日本贸易产品净出口能力下降。由图3-7结合图3-8可知，2011年日本贸易产品技术结构高度指数小于0.5，贸易产品净出口能力指数小于0。

综上所述，2011年日本的贸易产品在全世界范围内进行比较，既不具有技术结构高度优势，又不具有净出口能力优势。

第四章

日本对外产业转移概况[①]

本章概述了日本对外产业转移的发展历程及其基本特征，是研究对外产业转移对贸易产品技术结构影响不可或缺的研究背景。日本大规模对外产业转移始于20世纪70年代，并随着国际分工水平的深化而呈现出明显的阶段性特征。日本的对外产业转移是日本公司在国内外经济环境改变的条件下，为了保持竞争优势所做出的主动选择。从20世纪70年代"雁行模式"的对外产业转移到2000年之后"国际生产网络"的构建，日本通过有目的的对外产业转移，获得了巨大经济利益。

第一节 日本对外产业转移回顾

一、日本对外产业转移趋势

从20世纪70年代开始，日本对外产业转移随着国际分工结构深化而呈现出不同特征，且随着国际经济环境和国内经济环境的变迁而呈现出明显的阶段性。

1976~2012年日本制造业对外直接投资流量柱形图，见图4-1。

[①] 本章的对外直接投资在范围上是指，制造业的对外直接投资，根据本书对于对外产业转移的定义，对外直接投资的定义范围等同于对外产业转移。同时，因为从数据检索角度能够直接检索到的数据均为对外直接投资方式的数据，所以，本章中的对外直接投资等同于本书中的对外产业转移。

从图中可以看出，日本的对外产业转移与日元升值趋势基本保持同步，在石油危机以及与欧美贸易摩擦刺激下，日本对外产业转移加速进行。中国经济开放程度提高及中国吸引外国直接投资的一系列政策，促进了日本的对外产业转移在区域分布上开始偏向中国。综上所述，日本企业的对外产业转移是日本在国内外经济环境改变之后，为保持竞争优势所做出的主动调整。

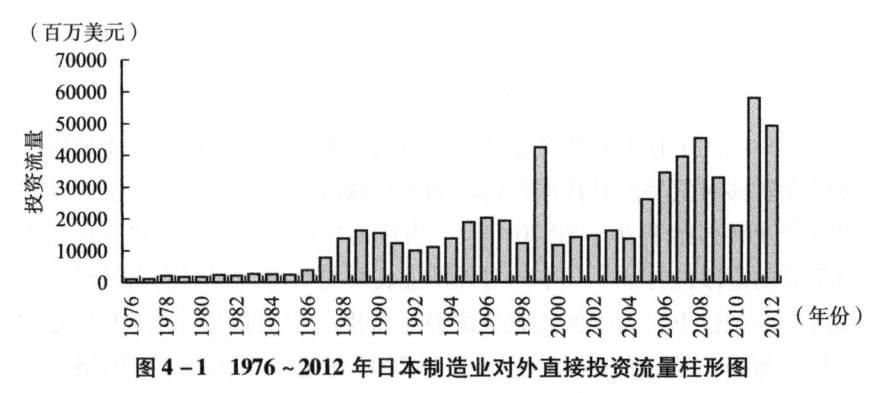

图 4 - 1　1976～2012 年日本制造业对外直接投资流量柱形图

资料来源：笔者根据日本贸易振兴机构数据计算整理绘制而得。

从图 4 - 1 可以看到，1976～2012 年日本制造业对外直接投资的数额从 1025 百万美元上升到 49250 百万美元，增长了约 47 倍。1985 年制造业对外直接投资是 1976 年的 3.71 倍；1996 年制造业对外直接投资达到 20258 百万美元，是 1986 年的 5.32 倍；1997 年亚洲金融危机之后，制造业对外直接投资有所减少，2008 达到 45268 百万美元，是 1998 年的 3.67 倍；2008 年世界金融危机之后，制造业对外直接投资进一步减少，2011 年日本 3·11 大地震之后，又呈明显加速态势，2011 年制造业对外直接投资数量达到 49250 百万美元，是 2010 年的 2.76 倍。从数量的时间变化趋势上看，日本对外直接投资呈波动性上升趋势。

1996～2012 年日本制造业对外直接投资存量，见图 4 - 2。从存量角度看，日本企业的对外直接投资总量和分区域总量都呈稳步增长趋势。从对外直接投资存量总量看，2012 年日本企业的对外直接投资存量达到最高峰约 10 兆 4000 亿日元。

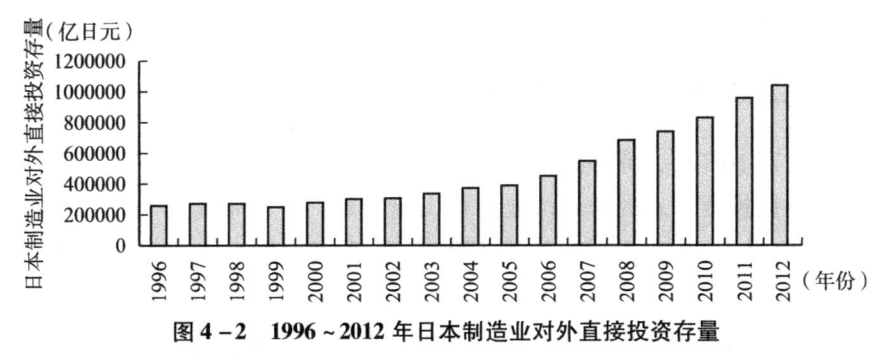

图 4-2　1996～2012 年日本制造业对外直接投资存量

资料来源：日本银行，http://www.stat-search.boj.or.jp/index.html。

黑田笃郎（2012）指出，日本对外直接投资的倾向分产业来看，主要有几个特征：在亚洲对制造业的直接投资倾向增加，在美国收购领域、金融领域的以资产购买方式进行的投资倾向增加，在南美洲以及澳大利亚主要投资于资源开发领域。总体来看，日本对外直接投资的方向为金融、保险、化学、医药、矿业领域。从 2008 年金融危机以后的趋势来看，以 2008 年下半年开始的日元升值和美元贬值为背景，具有较丰裕现金流的日本企业已经摆出了积极进军海外的姿态，日本企业将更加积极地进行对外直接投资。

二、不同时期的日本对外产业转移动机

（一）20 世纪 70 年代日本的对外产业转移

20 世纪 70 年代，美国为了摆脱越南战争时期国内外的经济困境，宣布实施新经济政策，包括放弃金本位制并征收 10% 的进口附加税，这和同时期发生的尼克松访华、中美关系缓和一起，在日本被称为"尼克松冲击"。"尼克松冲击"之前，1955～1972 年是日本经济的高速增长阶段（张季风，2009）。"尼克松冲击"之后，日元进入升值通道，加之 1973 年"石油危机"引起的能源价格暴涨，使得日本的造船业、钢铁业、化学工业以及其他重化学工业在国际市场上逐渐失去了竞争力。这一时期，日本的对外产业转移尚处于开始阶段。20 世纪 80 年代后半期，制造业对外产业转移大幅增加，伴随着对外产业转移，电器、

机械以及汽车等制造业逐渐成长为日本制造业的支柱产业。

(二) 20 世纪 80 年代后日本对外产业转移

日本国内外经济环境改变，20 世纪 80 年代后期，日本以制造业对外直接投资方式的对外产业转移飞速发展。日本企业的对外直接投资从 20 世纪 80 年代后半期到 1990 年的飞速发展，主要有以下 3 个原因。

(1) 国际环境的改变，促使日本对外直接投资加速。1985 年，日本在美国和其他发达国家的压力下签订"广场协定"。"广场协定"签订之后，日元进入快速升值通道，日元短期内快速升值使得日本出口竞争力下降。同时，日元快速升值，使得日本企业对海外资产的购买成本降低，是这一时期日本对外直接投资迅速增加的主要原因。当时，日本存在巨额贸易盈余，为了避免同其他国家的贸易摩擦，不得不通过对外直接投资推进在海外的当地生产。

(2) 日本国内经济不景气，促使海外直接投资加速。20 世纪 80 年代后半期，流动性过剩使得日本国内股票价格、房地产价格大幅上涨，日本企业账面资产价值高涨。日本企业为了合理利用过剩资本，积极进行对外直接投资。当时，日本企业所进行的海外直接投资，不仅有以当地生产为目的的绿地型投资，同时，也积极开展经营多元化，对非主业的其他产业进行投资。

(3) 1991 年日本"泡沫经济"破灭，股市和房地产等资产价格大幅缩水。1990～2001 年，日本累计资产损失高达 1330 万亿日元（张季风，2006）。"泡沫经济"崩溃引发日本金融机构的不良贷款问题，1997 年亚洲金融危机波及日本的实体经济，加之日本国内需求不足，在日本形成了严重的"通货紧缩陷阱"。直到 2000 年小渊内阁出台金融稳定政策，日本经济的恶化形势才得到遏制。这一时期，日本的对外直接投资相对于 20 世纪 80 年代的迅猛扩张，呈现出收缩并缓慢恢复的态势。

(三) 2000 年后日本的对外产业转移

2000 年后，日本企业刚刚摆脱不良债权问题的困扰，在新兴市场国家经济迅猛发展的背景下，迎来了对外直接投资的又一轮快速发展。2000年后，日本企业对外直接投资扩大的动机和特征与20世纪80年代后半期有所不同。20世纪80年代后半期是日本经济史上最繁荣的时期，20世纪90年代后，日本企业遭遇失去的十年，2000年以后，中国、越南等亚洲国家通过引入外资和在国内进行大规模投资的方式，在劳动密集型产品和部分资本密集型产品的生产上取得了竞争优势。这些国家的竞争优势主要是基于生产成本的优势，在这些国家具有成本优势的贸易产品生产上引发了日益激烈的全球竞争。为了弥补母国和这些国家在生产成本方面存在的差距、获得竞争优势，日本通过对外直接投资在亚洲选择合适的东道国进行生产转移。

与此同时，运输技术飞速发展，运输基础设施得到加强及网络信息技术的发展，使得生产过程实现了自动化和模块化。这些技术的发展，在经济方面的直接影响是大幅降低了跨国生产成本，使得国际分散化生产成为可能。这一时期，日本对外产业转移的目的，是通过国际分散化生产构筑当地跨国生产网络，实现资源、生产工序或生产环节的最优配置。换而言之，这一时期日本产业转移的目的，是构筑基于产业内分工体系的跨国生产网络，从而实现资源的最优配置，在国际贸易中维持母国的竞争优势。

日本对外直接投资的重要作用之一，是通过海外子公司的投资收益和再投资收益改善公司经营情况，稻叶（1999）、成田真（1994）、山田和朝日（1999）、藤川（1999）等文献利用日本通商产业省海外事业活动调查报告中的海外投资企业及其子公司数据进行的研究中都有体现。1999～2008年日本对外直接投资的投资收益率、再投资收益率和子公司收益额的变化趋势，见图4-3。从图中可以看出，1999～2008年日本对外直接投资的收益率和再投资收益率逐年上升，对外直接投资子公司收益也是逐年上升。这与陷于"失去的二十年"的日本宏观经济表现形成鲜明对比，也可以从侧面理解乾戸堂（2008）的研究所指出的，进行对外直接投资后母公司在日本国内的产出和就业比没有对外直接投资的同等企业高。

2008年前后，日本企业的海外生产比率（海外生产占国内生产总额的比重）已经上升到接近20%，同时，海外子公司的利润也大幅增长，达到 2001 年的 4.2 倍。2008 年底，日本制造业对外直接投资总额（资产）是 20 世纪 90 年代的 3 倍。基于对外直接投资的收益（对外直接投资再投资收益以及分红）和对外直接投资余额计算的日本对外直接投资收益率达到 9.1%，并且连续四年呈上升势头，对外直接投资子公司已经成为日本企业重要的利润来源。

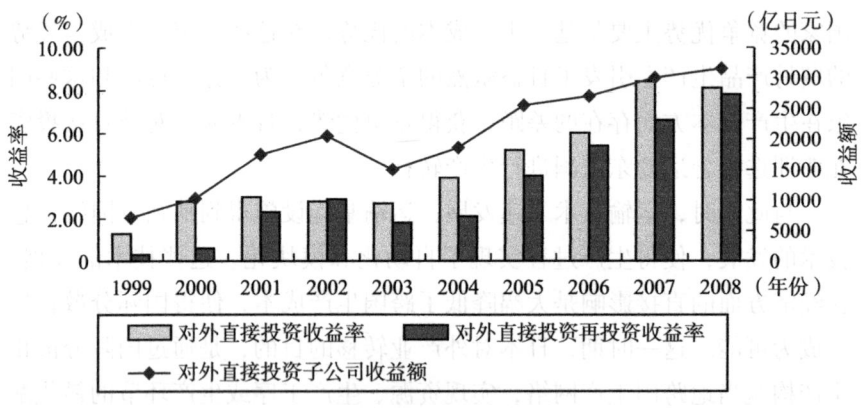

图 4 – 3　1999 ~ 2008 年日本对外直接投资的投资收益率、再投资收益率和子公司收益额的变化趋势

注：对外直接投资收益 = 对外直接投资收益额/对外直接投资余额。
资料来源：笔者根据日本银行、日本财务省的相关数据计算整理绘制而得。

（四）2008 年金融危机后的日本对外直接投资

从流量角度看，日本的对外直接投资在 2008 年底达到 13 兆 2320 亿日元，是 1985 年对外直接投资规模的九倍、2002 年对外直接投资规模的三倍。日本制造业的对外直接投资在 1990 年达到 7 兆 3518 亿日元的顶峰，之后，受"泡沫经济"崩溃的影响呈减少趋势，1994 年后，对外直接投资规模缓慢恢复，2001 年，对外直接投资规模恢复至一个小的高峰，2004 年开始到 2008 年，对外直接投资规模又迅速扩大。日本的对外直接投资流量在 2008 年达到 13 兆 2320 亿日元，比上一年增加 53%，其中，对外资产收购增加 54%，达到 6 兆 5908 亿日元。但在 2008 年全球金融危机影响下，2009 年上半年对外资产收购减少，因而日本对外直接投资额比 2008 年同期减少 3 兆 3418 亿日元，占比约为33%。

　　日本企业的对外直接投资，在1985年广场协定之后加速进行，在中国改革开放后加速和1992年之后又一次加速。进入21世纪后，增速又有所增加。2007年雷曼金融危机之后，日本对外产业转移暂时遇冷，但随着日元升值和美元贬值，2009年之后又开始增加。日本对外直接投资的先行指标——日本贸易振兴机构（JETRO）的汇报窗口汇报的海外直接投资件数，于2009年下半年持续下降，在日本3·11大地震之后又开始快速增加。

　　2008年之后，导致日本对外产业转移步伐加快主要是日元持续升值，2011年最高达到75日元兑1美元。根据JETRO对企业的调查，针对日元升值到76日元兑1美元的水平会对企业有什么影响，有32%的企业回答会严重影响企业收益，79%的企业回答企业收益受到一定程度的影响。① 这主要是由日本企业中有一半将生产工厂和研发机构转移到海外，大量日本企业增加了从海外进行原材料、零部件采购导致的。

第二节　日本对外产业转移特征

一、日本对外产业转移特征

（一）从对外产业转移行业分布特征角度

　　结合第四章第一节日本制造业对外直接投资的数据，从日本国内外制造业投资比例来看，以制造业平均水平而言，日本对外投资额占国内投资额的约一半。其中，汽车产业对外直接投资额是日本国内投资额的1.28倍（本田和尾岛，2003）。② 从投资方向来看，日本国内主要进行

---

① 数据引自：［日］黑田笃郎. 日本制造业的今后［J］. 世界经济评论，2012（1）：37-45.

② ［日］本田大和，尾岛麻由实和铃木信一等. わが国対内直接投资の现状と课题［J］. 日本銀行調査論文，2013.

产品的高度化、合理化、省力化投资，在日本之外的区域主要进行生产能力增强型投资（篠崎，1998）。在对就业的影响方面，其结果是日本国内投资属于劳动节约型投资，对国内就业增加的贡献不大。而日本的对外直接投资能够带动较多就业。

（二）从对外产业转移动机角度

日本的政策性银行国际协力银行（Japan Bank for International Cooperation）从1986年开始对日本制造业企业的海外投资活动进行连续性调查，并发布连续性调查报告。[1] 基于国际协力银行发布的调查报告可以发现，从对外直接投资动机来看，日本制造业的对外直接投资正在从生产据点型向市场开拓型、当地调配型转型。2010年，在日本对外直接投资整体减少的背景下，只有对亚洲的对外直接投资呈增长状态。根据日本国际协力银行（JBIC）对日本制造业企业进行的连续调查数据显示，针对"未来三年你最想到哪里投资"的回答，过去20年来居第一位的一直是中国，选择中国的企业比例在2003年达到顶峰，在多选题中回答中国的企业比例占参与调查样本总量的93%。调查数据显示，2003年之后，想要对中国投资的日本企业逐渐减少，想要对印度、越南、泰国等国投资的日本企业开始增加。[2] 越来越多的日本企业出于分散风险的考虑，选择多元化经济战略。日本对外直接投资的目的地，从以前主要选择人工成本低的区域进行当地生产型生产转移，转向以市场开拓型生产转移方式（在当地生产消费品）和当地调配型（在当地采购便宜的零部件进行组装）生产转移方式。

（三）与国内的生产关联

21世纪初，日本对亚洲其他国家进行对外直接投资时，亚洲其他国家当地生产技术水平比较低，需要从日本进口大量零部件等中间产品。以DVD产业为例，21世纪初，DVD产业属于先进技术，日本企业

---

[1] わが国製造業企業の海外事業展開に関する調査報告（JIBC），https：//www.jbic.go.jp/ja/information/press/press-2018/1126-011628.html，该调查数据在日本学术界得到广泛使用。

[2] Japan Bank for International Cooperation（JBIC）是日本的政策性银行，是日本政府实施开发援助（ODA）计划的主要执行机构之一。

在 DVD 核心技术方面具有绝对优势，日本企业和韩国企业可以进行 DVD 产品的生产，但是，韩国 DVD 企业生产所需的核心部件主要从日本进口。2000 年之后，日本企业对当地企业的采购呈现增长趋势。从采购关系上来看，日本在东道国投资企业，从日本国内采购逐渐转向当地调配和通过东道国周边国家当地调配。以日本在东盟国家通过对外直接投资设立的企业为例，一家日本企业在泰国投资建立组装工厂，该企业可以借助于在东盟国家内采购以降低贸易成本，该企业可以从印度或马来西亚采购零部件。

（四）灵活运用区域性贸易协定

日本企业已经可以熟练运用不包含日本的第三国自由贸易协定。根据日本国际协力银行（2011）调查，东盟自由贸易协定可以降低 99% 的区域内关税，半数以上的日本企业都在寻求利用这一机会。以日本企业在印度和泰国设立的子公司为例。因为受印度国内人力资本素质以及基础设施的限制，所以，在印度设厂生产的难度较大，在这种情况下，很多日本企业选择在泰国建立生产工厂，将产品运往印度销售。

二、日本对外产业转移的经济效应

（一）对外直接投资的经济利润回流

1996~2013 年日本对外直接投资收益情况，见图 4-4。1996~2013 年日本国际收支情况变迁，见图 4-5。从宏观层面来看，日本对外直接投资收益在 21 世纪总体上呈逐渐上升态势，包含金融收支在内的资产收支，已经超过贸易收支。海外利润回流可以弥补国内利润降低，成为企业利润的重要来源。这些利润可以用于企业母公司的研究开发、新产品开发等，从宏观层面来看，对外直接投资总体上对日本具有利润返还作用。

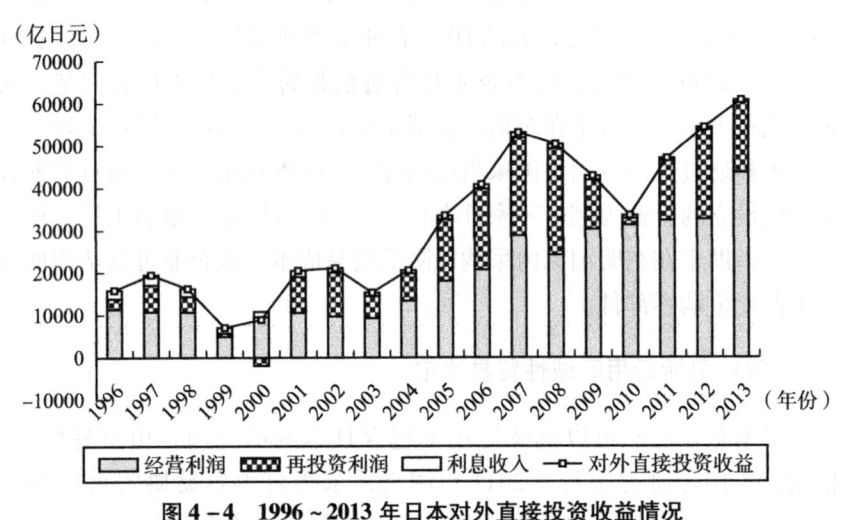

90 ┊┊┊ 对外产业转移与母国经济结构升级

图4-4　1996~2013年日本对外直接投资收益情况

资料来源：日本银行，http://www.stat-search.boj.or.jp/ssi/cgi-bin。

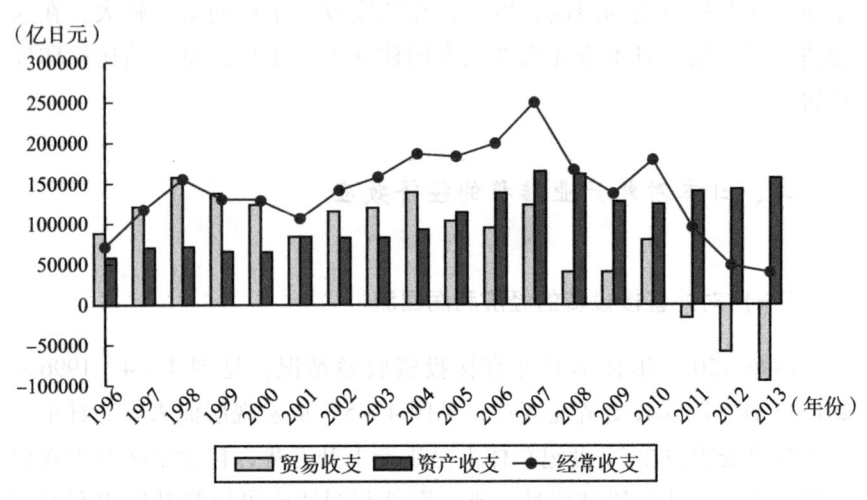

图4-5　1996~2013年日本国际收支情况变迁

资料来源：日本银行，http://www.stat-search.boj.or.jp/ssi/。

对外直接投资的成果扩大了日本收入盈余，2005年之后，超过贸易盈余，支撑日本经常账户保持盈余。

日本企业进行海外生产，有数量相当可观的利润重新流回日本国内。日本制造业在日本之外当地子公司的利润按区域来看，2009年度亚洲约占70%，欧美约占20%以上，2005年度亚洲约占50%，欧美约占30%。利润总额在2008年金融危机之后直到2009年大幅下滑，此后逐渐回升。①

（二）日本分区域投资收益率变化

1997~2008年日本对美国的投资余额和投资收益率，见图4-6。如图4-6至图4-11所示，日本分区域的投资收益率，在美国维持在0~9%的区间，在欧盟维持在0~7%的区间，在中国、东盟等的投资收益率，于20世纪90年代末的亚洲金融危机之后大幅下降，之后，缓慢回升至超过欧美投资收益率的水平。另外，对巴西、印度等新兴市场国家的投资收益率与中国、东盟等相比较，波动幅度较大。

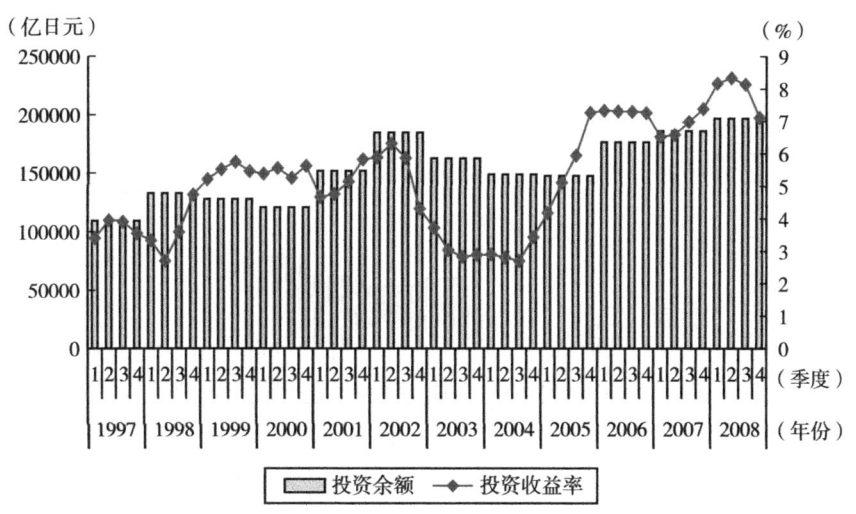

图4-6　1997~2008年日本对美国的投资余额和投资收益率

资料来源：日本经济产业省. 通商白书2010，http://www.meti.go.jp/report/whitepaper/index_tuhaku.html。

---

① 数据来源于日本经济产业省. 通商白书2010，http://www.meti.go.jp/report/whitepaper/index_tuhaku.html。

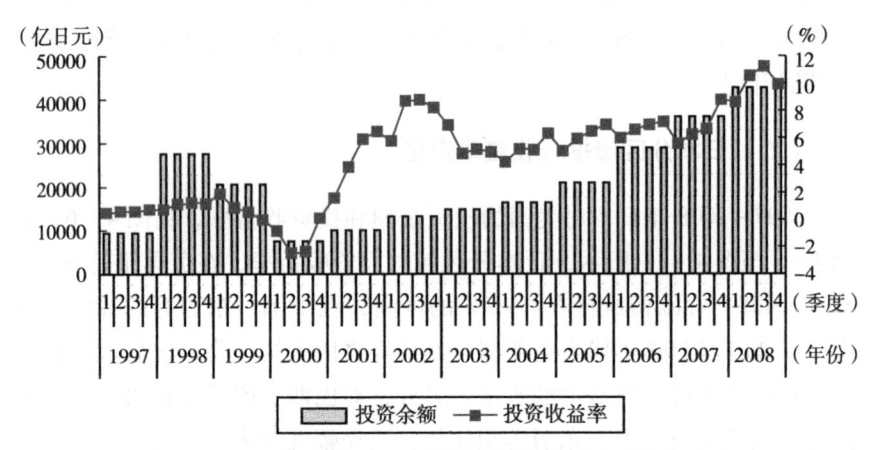

图 4-7　1997～2008 年日本对中国投资余额和投资收益率

资料来源：日本经济产业省．通商白书 2010，http：//www. meti. go. jp/report/whitepaper/index_tuhaku. html。

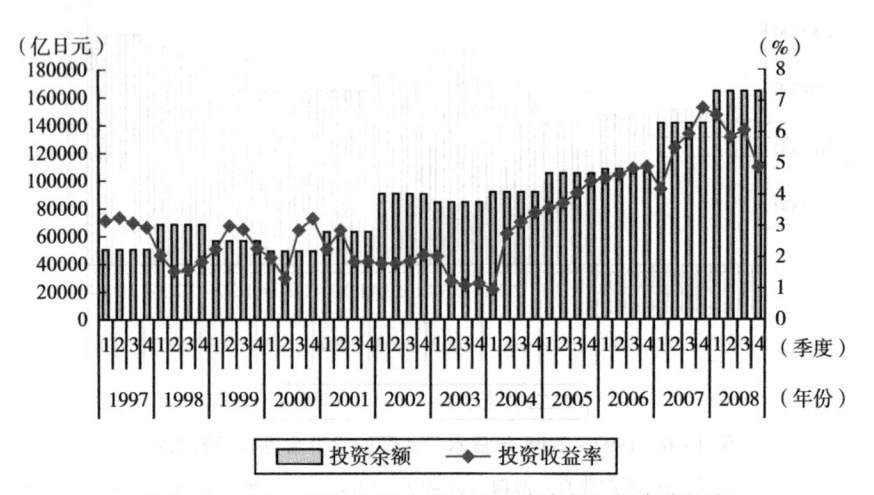

图 4-8　1997～2008 年日本对欧盟投资余额和投资收益率

资料来源：日本经济产业省．通商白书 2010，http：//www. meti. go. jp/report/whitepaper/index_tuhaku. html。

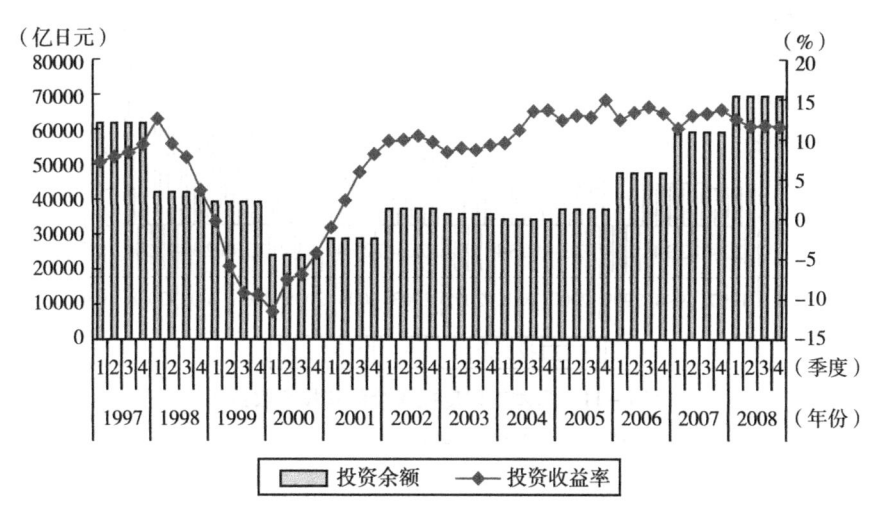

图 4-9　1997~2008 年日本对东盟投资余额和投资收益率

资料来源：日本经济产业省．通商白书 2010，http：//www.meti.go.jp/report/whitepaper/index_tuhaku.html。

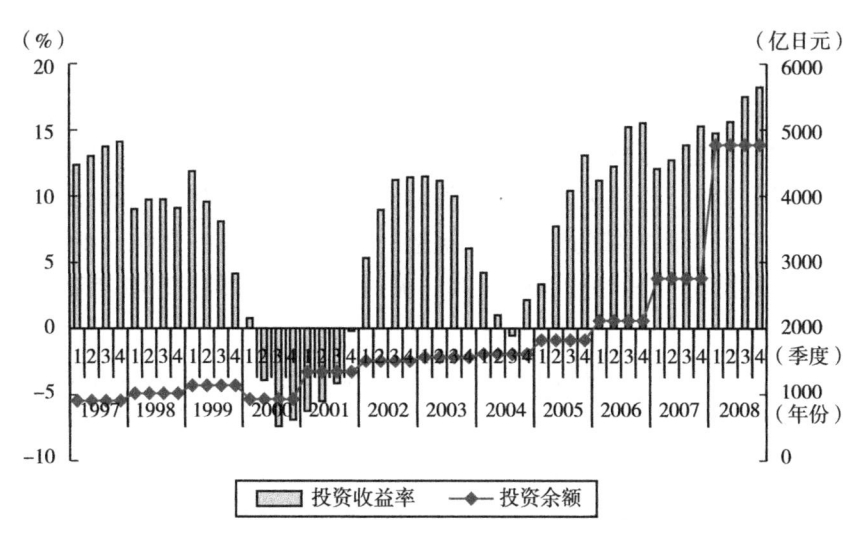

图 4-10　1997~2008 年日本对巴西投资余额和投资收益率

资料来源：日本经济产业省．通商白书 2010，http：//www.meti.go.jp/report/whitepaper/index_tuhaku.html。

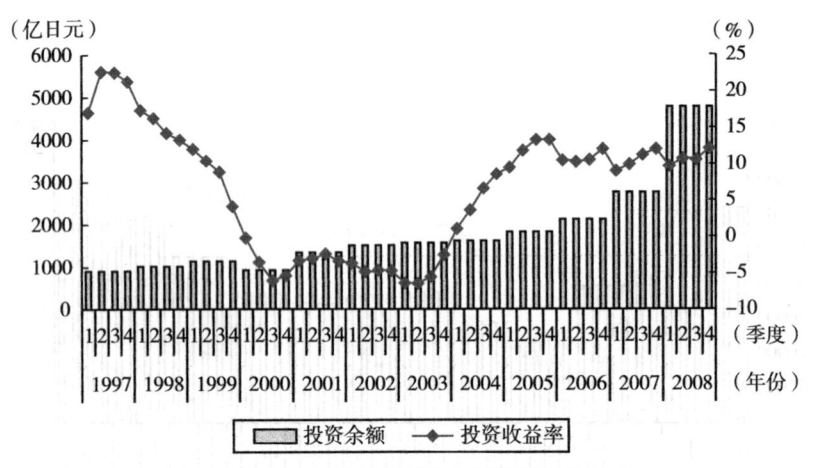

图 4-11　日本对印度投资余额和投资收益率

资料来源：日本经济产业省.通商白书 2010，http://www.meti.go.jp/report/whitepaper/index_tuhaku.html。

(三) 亚洲生产网络

日本企业通过对外直接投资在亚洲构筑国际生产网络，通过亚洲生产网络向欧美国家供给最终产品，可以提高产品最终销售额和企业营业利润，并以价格优势占领欧美市场。随着新兴市场国家的兴起以及亚洲经济圈的扩大，日本企业应该进一步思考如何利用国际生产网络维持并提高利润率。对亚洲直接投资的开展，对于日本企业营业额的增长、利润率的提高起到了极大的拉动作用。从日本对外直接投资子公司的营业额来看，亚洲已经成为营业额最高的区域，即使在 2008 年全球金融危机发生后，亚洲区域的营业额仍遥遥领先于其他区域。2001~2008 年日本海外投资子公司分区域营业额，见图 4-12，1980~2010 年亚洲区域内贸易产品组成，见图 4-13。

从亚洲区域内贸易特征来看，首先，亚洲地区工业发展所需要的贸易产品逐渐从以初级产品为主转向以工业制品为主，因此，原材料类商品份额从 20 世纪 80 年代开始大幅下降；其次，中间产品（零部件）份额呈连续上升趋势；最后，最终产品中消费品的份额在 20 世纪 90 年代达到顶峰之后逐渐下降，同时，2004 年之后最终产品中的资本品占比呈缓慢下降趋势。亚洲区域内不同类别的产品贸易相互交织，构成亚洲区域内的国际生产网络和国际贸易网络。

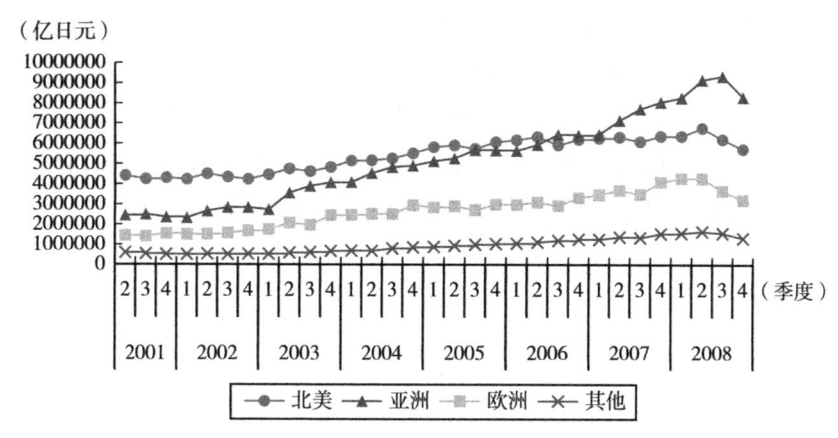

图 4 - 12　2001~2008 年日本海外投资子公司分区域营业额

资料来源：日本经济产业省. 通商白书 2009，http：//www. meti. go. jp/report/whitepaper/index_tuhaku. html。

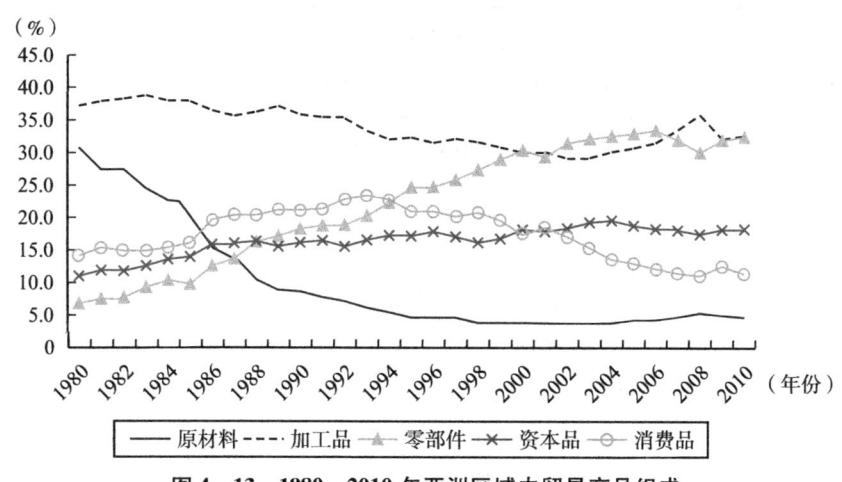

图 4 - 13　1980~2010 年亚洲区域内贸易产品组成

资料来源：日本经济产业省. 通商白书 2011，http：//www. meti. go. jp/report/whitepaper/index_tuhaku. html。

（四）日本企业海外生产比率

1986~2016 年日本企业海外生产比率，见图 4 - 14。日本企业海外生产比率，随着日本对外直接投资的增加逐年扩大。从1997年的11%增加到2007年的18%以上，但和欧美国家特别是美国50%以上的海外生产比率相比，还处于很低的水平。从当时日本国内的经济状况来看，国内景气衰退、需求减少、企业利润率下降。在这种背景下，日本企业积极进行对外直接投资，力图利用海外子公司的收益弥补国内收益恶化造成的损失，强化企业的财务基础。相对于欧美发达国家，当时日本的海外直接投资特别是制造业的海外直接投资，还没有达到和日本生产实力相当的水平，尚有进一步的发展空间。

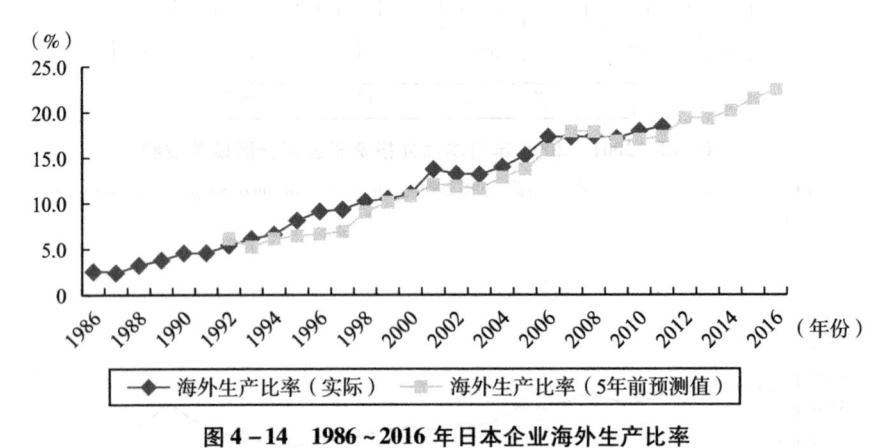

图4-14 1986~2016年日本企业海外生产比率

资料来源：日本经济产业省.通商白书2011，http://www.meti.go.jp/report/whitepaper/index_tuhaku.html。

近年来，日本企业在中国和东盟构筑了以电子电机、汽车产业为中心的生产网络，在亚洲各国的子公司相互出口零部件、半成品、原材料、制成品等，日本跨国公司在韩国也构筑了同样的生产网络。

2010年日本的通商白书指出，这种分工结构近年来发生了改变，明显地反映在亚洲电子电机领域的制成品和零部件在东亚贸易流的变化中。现在，冰箱、洗衣机、空调等产品已经很少在日本生产，主要由日本企业的海外子公司生产，但日本子公司在海外市场上常常竞争不过其他新兴市场国家或地区的企业。

第五章

日本对外产业转移与贸易产品技术结构升级实证分析

本书第三章介绍了日本贸易产品技术结构演变的情况,第四章作为研究背景介绍了日本对外产业转移概况。作为本书的重要组成部分,本章从实证角度对日本对外产业转移是否影响贸易产品技术结构进行分析。根据本书中对外产业转移的定义,本章采用日本制造业对外直接投资数据作为对外产业转移的衡量指标,研究1976年以来日本对外产业转移对贸易产品技术结构的影响。

第一节 对外直接投资与贸易产品技术结构升级

一、日本对外产业转移引起分工深化

张少军(2009)指出,对外产业转移是国际分工的重要实现途径,从分工水平角度看,日本对外产业转移促进分工水平的深化已成定论。石川浩树(2004)、神津(2002)、深尾(2003)、小池良司(2004)和陈建安(2008)等的研究,分别从不同方面验证了日本的对外直接投资促进了日本和其他国家在国际分工水平上的深化。2014年前20年,在东亚区域以及世界经济范围内国际生产网络尤其是东亚生产网络的形成,是全球化的典型特征。国际生产网络的分工本质,是价值链上水平产品内生产工序和生产环节的分工。

桑原哲（2011）从模块化水平角度考察日本和中国、韩国分工的差异，对比分析了中日韩三国在不同模块化水平产品生产上的比较优势指数，桑原哲（2011）的考察对象是1995~1999年和2000~2004年中日韩三国不同模块化水平产品的比较优势指数，研究表明，日本在低模块化水平的产品生产上仍然具有比较优势，中国的比较优势主要集中在模块化水平比较高的产品上。模块化水平衡量的是产品生产过程中的标准化水平，模块化水平低的产品生产过程中的标准化程度低，该类别产品生产上的比较优势是基于不易模仿的创新技术。

从既有研究成果来看，日本对外产业转移引起日本国际分工水平的深化已经成为不争的事实。

二、日本对外产业转移影响贸易产品技术结构的研究思路

贸易分工结构深化的本质，是不同技术构成的产品在数量结构上的改变。德拉贝克和史密斯（Drabek and Smith, 1995）指出，产业内贸易增加表明部门间低技术水平产品和高技术水平产品构成的变化，当产业内分工结构由低层次向高层次深化时，会引起产品在贸易产品技术结构上垂直向上发展。

本书第三章使用 SITC Rev.2 三分位数水平的贸易数据，分析了日本贸易产品技术结构的演变现状，认为日本的贸易产品技术结构呈现恶化趋势。祝树金（2010）指出，影响出口贸易产品技术结构的因素有经济发展水平、要素禀赋等。具体到日本的情况，日本贸易产品技术结构的演变是否由对外产业转移所引起；从贸易产品技术结构的角度，日本的对外产业转移产生了何种程度的影响，这是本章的主要研究内容。本章研究的时间范围从1976~2011年，时间跨度达36年，在较长的时间范围内研究了对外产业转移对贸易产品技术结构的影响。因为贸易产品技术结构是经济结构的重要衡量指标，所以，本章的研究结论可以从经济结构长期演变角度对日本对外产业转移是否引起空洞化进行侧面验证。

随着国际分工结构从产业间分工向产业内分工、产品内分工深化，贸易产品技术结构问题受到越来越多的关注。从国际经济学角度来看，

对外直接投资可以将生产率低的产业转移到国外，引起母国资源的重新配置，开创新的高劳动生产率产业（Kokko，2006；Lipsey，2004），促进母国贸易产品技术结构改善。从概况特征来看，日本不同产业的对外直接投资呈现出不同的变迁特征。从日本对外直接投资和贸易整体层面研究对外直接投资对技术结构的影响，会忽略行业异质性的影响，从而产生结果上的偏差。因此，为了更科学地揭示日本对外直接投资对贸易产品技术结构的影响，本书利用1976~2011年日本对外直接投资和对外贸易的行业数据，从行业层面分析日本对外直接投资对贸易技术结构升级的影响。

第二节 日本对外直接投资与贸易产品技术结构特征描述

一、日本对外直接投资的行业分布

从对外直接投资的行业分布来看，技术水平较低的制造业和资源类产品制造业，如纤维、木材、纸浆，呈明显下降趋势。1976年，纤维产业的对外直接投资0.26亿美元，占制造业整体的11.77%；2012年，纤维产业的对外直接投资9.26亿美元，占制造业整体的2.2%。一般机械、化工、电器机械、运输机械四个产业的对外直接投资从1976年的5.8亿美元，增长到2012年的367.4亿美元，增加了62倍，占制造业整体比例也由1976年的60%增长到2012年的78%，其中，2002年这四个产业占制造业的比例最高达到90%。从行业特征来看，日本企业的对外直接投资已经由劳动密集型产业转向资本密集型产业，由不具备比较优势的产业转向具备比较优势的产业。从日本对外直接投资的部分案例来看，一些具有较高技术水平的零部件厂商也开始了对外产业转移的过程。日本对外直接投资的产业特征，呈现高级化趋势。日本分产业对外直接投资的统计性描述，见表5-1。

表 5-1　　　　　日本分产业对外直接投资的统计性描述　　　　单位：百万美元

项目	mean	max	min	sd	cv	Se (mean)	skewness	kurtosis
食品	1859.72	14907.78	26.00	3502.89	1.88	575.87	2.65	9.00
纤维	365.62	1045.14	28.00	278.15	0.76	45.73	0.86	2.75
木材、纸制品	392.57	1268.00	15.00	369.17	0.94	60.69	0.95	2.86
化学	2907.10	19618.00	133.00	3774.35	1.30	620.50	2.82	12.04
铁、非铁金属	1378.29	5016.92	99.00	1196.42	0.87	196.69	1.56	4.63
一般机械	1536.28	7979.29	53.00	1697.78	1.11	279.11	2.11	7.59
电器机械	3386.27	16360.05	161.00	3174.39	0.94	521.87	1.86	8.47
交通运输	2779.43	10924.33	1.00	3052.42	1.10	501.81	1.39	3.93

资料来源：笔者根据日本贸易振兴机构的相关数据计算整理而得。

二、日本贸易产品技术结构数据特征描述

（一）按产品分类的传统方法

劳尔（2000）指出，不同分类特征贸易产品比重的变化可以反映贸易结构的变化。[1] 按照劳尔（2000）对不同技术水平贸易产品的分类，[2] 得出 1976~2012 年日本贸易产品技术结构变化特征。出口产品中低技术水平产品所占比重 1976 年为 16.75%，此后连续下降，2011 年下降至 8.02%。高技术水平产品所占比重 1976 年为 14.19%，2012 年增加到 19.75%，其中，2000 年最高达到 33.65%。中技术水平产品所

---

[1] Lall Sanjaya. The Technological Structure and Performance of Developing Country Manufactured Exports 1985-1998. Oxford Development Studies, 2000, 28 (3): 337-368，这是一篇关于使用 SITC Rev.2 的三分位数分类数据对贸易产品按照技术水平进行分类的经典论文，该分类方法在研究不同技术水平贸易产品分类时被广泛应用。该论文的文末，附有具体分类方法。

[2] 采用劳尔（2000）的方法对贸易产品进行分类，将 SITC Rev.2 的三分位数分类代码下的 239 种产品按照技术结构细分为三大类十小类：初级产品；资源型产品（农林加工产品、其他资源型产品）；低技术型产品（纺织服装产品、其他低技术水平产品）；中技术水平产品（汽车工业产品、中等技术加工产品、工程机械产品）；高技术水平产品（电子电力产品、其他高技术水平产品）。

占比重基本稳定。从不同技术水平贸易产品的分布变化来看，1976～2012年日本出口产品中高技术水平产品的数量和比重都不断上升，低技术水平产品所占比重下降，表明日本贸易产品的技术结构在升级。[①]

(二) 选取贸易产品技术结构衡量指标

简单的分类统计方法难以阐释越来越详细的贸易产品分类上的技术分布结构变化，另一种考察贸易产品技术结构的方法是利用出口产品的技术附加值指数。关志雄 (2002)、罗德里克 (2006)、豪斯曼 (2007) 和许 (Xu, 2010) 定义的技术附加值指数，在实证中得到了广泛应用。本书按照豪斯曼 (2007) 的方法计算了1976～2011年日本出口产品贸易技术附加值指数，见图5－1。1976～2011年，日本贸易产品技术附加值指数波动性增长。日本贸易产品的技术水平得到提升，技术结构实现升级。胡昭玲和宋佳测算了中国、美国、日本和印度四国高中低技术水平产品的出口价格，发现在2009年日本仍然具有领先于世界水平的分工地位，在贸易产品技术结构上日本仍然具有优势。[②] 日本贸易产品技术结构水平的描述性统计分析，见表5－2。

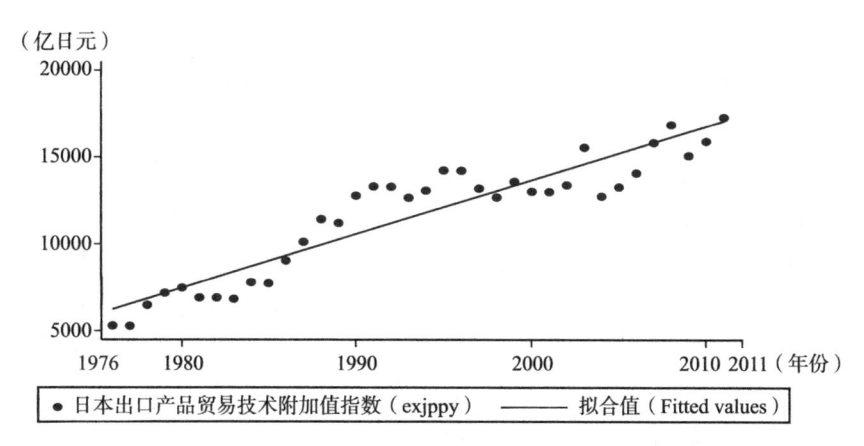

图5－1　1976～2011年日本出口产品贸易技术附加值指数

资料来源：笔者根据联合国商品贸易统计数据库的相关数据计算整理绘制而得。

[①] 笔者基于本书第三章的数据计算结果得出的结论。
[②] 胡昭玲和宋佳 (2013) 从相同分类的贸易产品出口价格水平角度，测算了四国国际分工地位的高低，其假设是相同分类的贸易产品出口价格水平越高，国际分工地位越高。

表 5-2　　日本贸易产品技术结构水平的描述性统计分析

项目	mean	max	min	sd	cv	se (mean)	skewness	kurtosis
食品类产品	30.14	60.70	21.20	10.74	0.36	1.79	1.81	5.16
纤维产品	178.65	231.66	129.30	25.78	0.14	4.30	-0.05	2.24
木材、纸制品	91.31	164.13	52.33	30.90	0.34	5.15	0.83	2.84
化学产品	1194.38	3449.70	334.08	923.69	0.77	153.95	1.11	3.05
铁、非铁金属产品	908.28	2109.59	585.28	403.78	0.44	67.30	1.74	4.88
一般机械产品	2840.14	5922.96	963.62	1281.98	0.45	213.66	0.18	2.35
电器机械产品	2518.65	3861.10	600.19	1102.54	0.44	183.76	-0.46	1.81
交通运输产品	3225.45	5876.47	1697.37	1178.03	0.37	196.34	0.63	2.63

资料来源：笔者根据联合国商品贸易统计数据库的相关数据计算整理而得。

1998 年日本经济学家古河俊一和野田容助共在论文《国际贸易标准产品分类与产业分类的对应关系》(『標準国際商品分類と産業分類の対応関係』) 中提出了关于日本对外直接投资数据分类和贸易数据分类对应匹配的方法，具体内容参见《统计资料系列（SDS）》(『統計資料シリーズ（SDS）』)。稻叶和夫和森川浩一郎在《包含日本对外直接投资的宏观计量模型——直接投资经济政策效果的分析》(日本の対外直接投資行動を含むマクロ計量モデル——直接投資による経済政策効果の分析) 一文中也提出了类似的日本对外直接投资分类数据和贸易数据分类对应集结的方法，具体参见《日本经济政策学会年报》(『日本経済政策学会年報』) 1995：132~136。本章参考这种国际贸易产品标准分类和产业分类数据的匹配方法，将 SITC Rev.2 下三分位数的贸易数据匹配为与对外直接投资的分产业数据相对应的产业分类数据，并基于式 (3-8) 计算产业分类的贸易数据的技术附加值指数，见表 5-2。

第三节 对外直接投资与贸易产品技术结构实证分析

一、实证指标的选取以及研究对象分类

（一）按照贸易产品技术结构指标的研究对象分类

根据豪斯曼（2007）的方法，按照技术复杂度的高低和变化趋势，对外直接投资的八个产业可以分为三类。高技术水平产业，包含一般机械产业、电器机械产业、交通机械产业。这类产业出口产品的技术复杂度指数最高，从时间趋势上看，这类产业呈现明显的技术结构升级趋势。中技术水平产业包含铁和非铁金属产业，化工产业。这类产业出口产品的技术复杂度指数居中，从时间趋势上看，这类产业具有缓慢升级的趋势。低技术水平产业包含食品产业、纤维产业、木材纸浆产业，这类产业出口产品的技术复杂度较低，属于日本的边际产业，1976~2011年这类产业技术结构升级趋势不明显。

（二）贸易产品技术结构指标的定义

本章按照豪斯曼（2007）的方法构建贸易技术复杂程度指数，以此作为衡量贸易产品技术结构的变量。既有文献考察贸易产品技术结构的传统方法是利用不同分类的贸易产品比重，如使用工业制成品比重衡量贸易产品技术结构。相对于这种简单的分类统计方法，本书的方法可以从更详细的贸易产品分类上把握日本贸易产品技术结构变化的整体特征。

$$\text{PRODY}_i = \sum_c \frac{X_{ci}/X_c}{\sum_c X_{ci}/X_c} Y_c \qquad (5-1)$$

$$\text{ADD}_j = \sum_j \frac{X_{cj}/X_c}{\sum_j X_{cj}/X_c} \text{PRODY}_i \qquad (5-2)$$

在式（5-1）中，PRODY_i 表示基于豪斯曼（2007）定义的产品 i

的附加值指数;

在式 (5-1)、式 (5-2) 中, X_{ci} 表示国家 C 产品 i 的出口额; X_c 表示国家 C 全部产品的出口总额; Y_c 表示国家 C 的人均 GDP; ADD_j 表示行业 j 的贸易产品技术结构指数。

二、模型构建以及数据说明

(一) 模型构建

本章主要考察产业层面上对外直接投资对出口贸易产品技术结构的影响,为了分析不同技术水平的产业对外直接投资对贸易产品技术结构影响的差异,将对外直接投资的产业按照技术水平不同分为三组。[①] 本章采取分组回归的方法,分别对整体、低技术水平、中技术水平、高技术水平四组进行回归。

$$\ln ADD_{it} = A_i + k_1 \ln ownOFDI_{it} + \varepsilon_{it} \qquad (5-3)$$

在式 (5-3) 中, $ownOFDI_{it}$ 表示行业 i 在时期 t 的对外直接投资额; ADD_{it} 表示日本在时期 t 以产业分类的贸易产品技术结构指数。

(二) 数据说明

本章运用的原始数据:各国人均 GDP,来自世界银行的世界发展指数数据库;各国 SITC Rev.2 三分位数产品的出口贸易数据,来自联合国商品贸易统计 (UN comtrade) 数据库;日本分产业对外直接投资,来自日本贸易振兴机构;日本分产业贸易数据,来自联合国贸易发展会议数据库;所有数据的覆盖时间为 1976~2011 年。

贸易数据和对外直接投资数据分类的匹配方法,参考古河俊一和野田容助共[②]《商品分类和国际产业关联表分类》关于 SITC Rev.2 三分位

---

① 分类的具体标准,为该行业出口贸易产品的技术复杂度指数。
② 日本经济学家古河俊一和野田容助共在《国际贸易商品标准分类与产业分类的对应关系》(標準国際商品分類と産業分類の対応関係) 一文中提出的关于日本对外直接投资数据分类和贸易数据分类对应匹配的方法,具体内容参见《统计资料系列 (SDS)》(統計資料シリーズ (SDS)), 1998 (80): 23-33。

数的数据和产业分类数据的匹配方法,以及稻叶和夫和森川浩一郎[①]《含有对外直接投资的宏观经济分析》,基于上述匹配原则,将 SITC Rev.2 三分位数贸易分类数据与按产业分类的对外直接投资的分类数据进行匹配。

三、模型检验以及实证结果

（一）模型检验

本章采用的是时间跨度为 36 年、横截面数为 8 个的长面板数据,使用广义最小二乘法对面板数据进行分析。

面板数据可以综合考虑时间和截面上的异质效应,反映各产业之间的异质性。如果不考虑异质性而采用时间序列数据分析或截面数据分析,估计结果可能有偏差。使用面板数据可以避免多重共线性问题,从数据研究特征来看,面板数据在研究动态调整过程方面具有很强的适用性。本章采用的面板数据模型,是覆盖日本八大主要产业、时间长度为 36 年的长面板数据,属于宏观面板数据的范畴。宏观面板数据时间序列较长,需要检验数据是否平稳,需要考虑数据是否存在单位根、是否具有协整关系,需要对本章数据进行面板数据单位根检验、协整检验。

1. 单位根检验

为了防止长面板数据在回归时出现"虚假回归",需要对面板数据进行单位根检验。关于面板数据的单位根检验,有 LLC 检验和 Harris – Tzavalis 检验、Breitung 检验、IPS 检验、Fisher – ADF 检验和 Hadri Lagrange 检验等多种方法。LLC 检验在面板数据的单位根检验中应用最广泛,主要适用于不同数据具有相同单位根的同质面板数据模型；Har-

---

[①] 日本经济学家稻叶和夫和森川浩一郎在《包含日本对外直接投资的宏观计量模型——直接投资经济政策效果的分析》（日本の対外直接投資行動を含むマクロ計量モデル——直接投資による経済政策効果の分析）一文中,也提出了类似的日本对外直接投资数据分类和贸易数据分类对应匹配的方法,具体参见《日本経済政策学会年報》（日本经济政策学会年报）1995：132 – 136。

ris – Tzavalis 检验基于 LLC 检验，IPS 检验在异质面板数据中具有很强的适用性；Breitung 检验扩展了 IPS 检验；Fisher – ADF 检验假设不同数据具有不同的单位根，基于 ADF 残差法检验单位根是否存在；Hadri Lagrange 检验，是将基于残差的拉格朗日函数检验在面板数据检验上的应用。为了保证结果稳健性，本章采用多种方法对面板数据进行单位根检验。

相关变量的单位根检验结果，见表 5 – 3。相关变量一阶差分的单位根检验结果，见表 5 – 4。通过检验结果发现，贸易结构指数在各种检验方法中不具有稳定性，对外直接投资数据的 Fisher – ADF 检验和 Hadri 检验与其他检验方法不一致，为了保证结果的稳健性，需要对各变量进行差分处理。相关变量差分之后的各种单位根检验方法均具有稳定性，因此，相关变量一阶差分具有平稳性。

表 5 – 3　　　　　　　相关变量的单位根检验结果

检验项	项目	整体 检验值	整体 P 值	低技术水平 检验值	低技术水平 P 值	中技术水平 检验值	中技术水平 P 值	高技术水平 检验值	高技术水平 P 值
LLC	贸易结构指数	-0.502	0.308	-0.051	0.480	0.079	0.532	-0.728	0.233
LLC	对外直接投资	-1.733	0.042	-1.430	0.076	-1.809	0.035	-0.17	0.433
HT	贸易结构指数	0.876	1.63	0.818	0.215	0.917	1.271	0.89	1.187
HT	对外直接投资	-8.520	0	-5.596	0	-2.584	0.005	-5.276	0
Breitung	贸易结构指数	1.219	0.889	0.187	0.574	1.135	0.872	0.737	0.769
Breitung	对外直接投资	-3.012	0.001	-3.919	0	-1.660	0.049	-0.481	0.315
IPS	贸易结构指数	-0.319	0.375	-0.556	0.289	0.142	0.556	-0.0808	0.468
IPS	对外直接投资	-4.790	0	-3.500	0.0002	-2.130	0.017	-2.582	0.005
Fisher – ADF	贸易结构指数	-0.401	0.656	-0.945	0.828	-1.377	0.916	1.416	0.076
Fisher – ADF	对外直接投资	0.735	0.231	0.188	0.425	0.252	0.400	0.806	0.210

续表

检验项	项目	整体		低技术水平		中技术水平		高技术水平	
		检验值	P值	检验值	P值	检验值	P值	检验值	P值
Hadri	贸易结构指数	33.750	0	17.700	0	17.610	0	22.500	0
	对外直接投资	12.520	0	4.849	0	2.855	0.002	9.944	0

资料来源：笔者根据 SITC Rev.2 三分位数产品数据和日本分产业对外直接投资数据使用 Stata 12.0 软件计算整理而得。

表5-4　　　　相关变量一阶差分的单位根检验结果

检验项	项目	整体		低技术水平		中技术水平		高技术水平	
		检验值	P值	检验值	P值	检验值	P值	检验值	P值
LLC	贸易结构指数	-8.124	0.000	-5.350	0.000	-4.973	0.000	-3.843	0.000
	对外直接投资	-6.434	0.000	-6.067	0.000	-4.318	0.000	-2.211	0.014
HT	贸易结构指数	-15.850	0.000	-11.360	0.000	-6.782	0.000	-9.008	0.000
	对外直接投资	-26.240	0.000	-15.060	0.000	-10.110	0.000	-18.050	0.000
Breitung	贸易结构指数	-8.325	0.000	-6.238	0.000	-4.219	0.000	-4.285	0.000
	对外直接投资	-3.490	0.000	-5.943	0.000	-3.934	0.000	29.544	0.000
IPS	贸易结构指数	-9.418	0.000	-6.306	0.000	-4.351	0.000	-5.521	0.000
	对外直接投资	-10.560	0.000	-6.699	0.000	-5.094	0.000	-6.391	0.000
Fisher-ADF	贸易结构指数	22.170	0.000	16.350	0.000	12.280	0.000	9.837	0.000
	对外直接投资	34.980	0.000	24.630	0.000	16.440	0.000	19.060	0.000

续表

检验项	项目	整体		低技术水平		中技术水平		高技术水平	
		检验值	P值	检验值	P值	检验值	P值	检验值	P值
Hadri	贸易结构指数	-0.475	0.683	-0.912	0.819	-0.029	0.511	0.502	0.308
	对外直接投资	-2.931	0.998	-1.747	0.960	-0.778	0.782	-1.915	0.972

注：Hadri 检验的原假设为不具有单位根、面板数据平稳，检验形式为包含趋势项和截距。
资料来源：笔者根据 SITC Rev.2 三分位数产品数据和日本分产业对外直接投资数据使用 Stata 12.0 软件计算整理而得。

2. 协整检验

协整指对两个或多个非平稳的数据变量系列进行线性组合后，呈平稳性，变量数据序列间的关系被称为协整关系。协整检验用于研究变量之间是否存在长期均衡关系，数据在时间序列上长度越长，协整检验的有效性越高。在面板数据中，横截面数据异质性、不同个体纵向时间序列相关性、不同个体时间序列空间协整性的存在，使得面板数据协整检验相对于时间序列协整检验更为复杂。从面板数据协整检验发展轨迹来看，最早的面板数据协整检验方法基于检验面板数据回归残差单位根方法，是第一种协整检验的方法。通常只适用于个体时间序列上存在一个协整关系的情形，这类方法被称为第一代面板数据协整检验。第二种是基于迹（trace）检验的方法，可用于检验面板数据是否存在多个协整关系，被称为第二代面板数据协整检验。第三种是基于协整检验结构的稳定性，通过检验统计量的极限分布确定协整检验中是否存在结构突变问题，来判断变量间是否存在协整关系。韦斯特隆德（Westerlund，2007）提出的协整检验方法属于第三种协整检验方法，在宏观面板数据的协整检验中获得了广泛应用，本章采用韦斯特隆德（2007）的面板数据协整检验方法对面板数据进行协整检验，分析贸易结构指数和对外直接投资数据在整体层面和不同分组条件下是否存在协整关系。协整检验结果，见表5-5。可以看出，贸易结构指数和对外直接投资的面板数据在整体以及各种分组中均具有协整关系。

表5-5 协整检验结果

项目	Statistic	Gt	Ga	Pt	Pa
整体	Value	-4.853	-30.900	-13.55	-30.160
	Z-value	-8.656	-7.856	-8.661	-9.791
	P-value	0	0	0	0
低技术水平	Value	-4.766	-31.530	-8.069	-29.780
	Z-value	-5.114	-4.972	-5.043	-5.888
	P-value	0	0	0	0
中技术水平	Value	-5.591	-34.750	-7.707	-34.360
	Z-value	-5.612	-4.729	-5.396	-5.865
	P-value	0	0	0	0
高技术水平	Value	-3.668	-19.140	-6.305	-18.840
	Z-value	-4.482	-5.842	-4.644	-10.660
	P-value	0	0	0	0

注：韦斯特隆德（2007）构造了四个统计量，其中，两个组统计量 Gt 和 Ga，两个面板统计量 Pt 和 Pa。组统计量说明在允许面板异质性的条件下存在协整关系，原假设为 H0：不存在协整关系。面板统计量 Pt 和 Pa 是在考虑面板同质性的条件下检验是否存在协整关系，原假设为 H0：不存在协整关系。

资料来源：笔者根据 SITC Rev.2 三分位数产品数据使用 Stata 12.0 软件计算整理而得。

（二）实证结果

协整检验的结果表明，日本出口贸易产品技术结构和对外直接投资之间存在长期稳定的均衡关系。日本对外直接投资对贸易产品技术结构影响的回归结果，见表5-6。日本整体上（全部行业）对外直接投资对贸易产品技术结构的影响为正，且在5%的显著性水平上通过检验。说明日本对外直接投资对贸易产品技术结构升级具有促进作用。日本对外直接投资每增加1%，贸易产品技术结构指数升级0.95%。日本对外直接投资通过国内技术升级，促进了贸易产品技术结构升级。

表 5-6　日本对外直接投资对贸易产品技术结构影响的回归结果

变量	全部行业	低技术行业	中技术行业	高技术行业
日本对外直接投资对贸易产品技术结构	0.00946**	-0.0151***	0.0527**	0.0161***
	(0.00459)	(0.00412)	(0.0245)	(0.00156)

注：***、**、*分别表示在1%、5%和10%的水平上显著。
资料来源：笔者根据 SITC Rev.2 三分位数产品数据和日本分产业对外直接投资数据使用 Stata 12.0 软件计算整理而得。

在高技术水平产业（一般机械、交通机械、电器机械三个产业），日本对外直接投资每增加1%，贸易产品技术结构升级1.61%。这三个产业是日本的主要产业，其对外直接投资在2012年占日本对外直接投资总量的58.70%。这些产业的低端环节通过对外直接投资进行海外生产，而高端环节的生产留在日本国内。对核心技术的严格保护，使得日本在高端零部件领域仍然具有垄断性优势。化工、铁和非铁金属制造产业，对外直接投资每增加1%，出口贸易产品技术结构升级5.27%。以钢铁行业为例，在汽车用钢方面，日本对外直接投资生产的主要是中低技术水平的产品，而高技术水平的汽车外用钢板主要从母国日本进口。[1] 低技术水平产业的对外直接投资每增加1%，出口贸易产品技术结构降低1.51%。1976~2012年，食品、纤维、造纸纸浆三个日本边际产业的对外直接投资，其目的主要是通过对外直接投资实现其比较优势。

从实证分析结果来看，日本对外直接投资促进了贸易产品技术结构升级，在中高技术水平产业中尤其明显。以2011年为例，日本制造业的海外投资额相当于国内投资额的一半，日本在国内主要进行高度化、合理化的投资，在海外进行扩大生产规模的投资。[2]

四、实证结果分析

从日本分行业对外直接投资的区域分布来看，日本的对外直接投

---

[1] 数据引自：［日］新宅純二郎. 日本製造業における構造変革, MMRC Discussion Paper No.83, 2006.

[2] 数据引自：［日］桜健一，岩崎雄斗. 海外生産シフトを巡る論点と事実［J］. BOJ Reports & Research Papers, 2012 (12).

资旨在构筑实现资源最优配置的国际生产网络。日本不同产业对外直接投资的区域分布，见表 5-7。选取日本制造业对外直接投资的 11 个产业，这些产业是日本对外直接投资的主要产业，具有很强的代表性。按照出口产品的技术复杂度，可以将这些产业分为三组。可以发现，日本制造业对外直接投资旨在构筑能够实现资源最优配置的国际生产网络、国际销售网络。对具有不同生产要素要求的产业，选择适合其要素禀赋的投资区域。中高技术水平产业的投资区域，以美国、英国、荷兰、新加坡、德国等具有市场优势和技术优势的发达国家（地区）为主，辅以中国、泰国、马来西亚、墨西哥、印度、印度尼西亚等具有劳动力优势的发展中国家。"美国+中国"的投资模式，反映了日本为实现最优资源配置对市场需求和劳动力优势的多重选择。从具有较低技术水平的木材造纸产业、食品产业、纤维产业来看，投资区域以中国、印度尼西亚、泰国等劳动力丰富、自然资源成本低的发展中国家为主，辅以巴西、澳大利亚、加拿大等自然资源丰富且对美国市场依存度高的国家。日本通过综合各东道国要素禀赋的优势构筑国际生产销售网络，使得日本企业能够整合全球资源实现资源的最优配置，并提高其贸易产品技术结构。

表 5-7　　　　　　日本不同产业对外直接投资的区域分布　　　　　　单位：%

分类	产业	TOP5 总占比	区域分布及所占比重（TOP5）
高技术水平	精密仪器	86.84	美国 51.00、中国 12.00、英国 10.00、泰国 7.67、加拿大 6.17
	电器机械	64.60	中国 18.00、荷兰 14.57、美国 13.70、新加坡 9.40、马来西亚 8.80
	交通机械	67.50	美国 34.00、中国 12.00、泰国 7.67、荷兰 7.11、墨西哥 6.41
	一般机械	71.45	美国 30.70、中国 24.00、德国 6.62、荷兰 6.07、泰国 3.96

续表

分类	产业	TOP5总占比	区域分布及所占比重（TOP5）
中技术水平	化学工业	76.57	美国47.50、印度10.27、中国8.98、荷兰5.00、韩国5.00
	橡胶皮革	98.00	美国42.70、中国25.65、泰国21.00、印度尼西亚7.00、越南2.57
	玻璃陶瓷	85.90	美国36.20、韩国18.00、中国14.40、马来西亚9.50、泰国7.91
	铁、非铁金属	64.80	中国19.30、美国18.60、巴西10.70、泰国8.60、印度5.90
低技术水平	木材造纸	88.88	中国34.80、印度尼西亚17.40、巴西12.50、澳大利亚12.30、加拿大11.90
	食品	78.61	荷兰33.60、澳大利亚21.80、巴西9.69、新加坡7.30、中国6.17
	纤维	86.77	中国42.00、美国19.50、英国9.79、印度尼西亚8.38、泰国6.64

资料来源：笔者根据日本贸易振兴机构对外直接投资数据计算整理而得，http://www.jetro.go.jp/theme/fdi/。

从表5-7中日本不同产业对外直接投资的区域集中度来看，美国和中国是日本对外直接投资最集中的两个国家。在11个产业中，分布比重排名前五的区域中美国占9个，其中，排名第一的有6个，排名前二的有2个；中国占11个，其中，排名第一的有4个，排名第二的有4个。日本的对外直接投资属于网络型对外直接投资，具有明显的区域聚集特征。日本制造业对外直接投资的重要特征是复杂的供应链。日本跨国公司的海外子公司以很高的概率从母国进口原来供应商的资本密集型产品，但是，如果其供应商在海外建立子公司，该跨国公司就会在供应商的海外子公司处采购，[①] 通过集团内部的供应关系和采购关系，利用

---

① 数据转引自论文：Belderbos R., Wakasugi R., Zou J. Business groups, foreign direct investment, and capital goods trade: The import behavior of Japanese affiliates [J]. Journal of the Japanese and International Economies, 2012, 26 (2): 187-200。

对外直接投资在东道国构建具有产业间相互关联的海外生产网络，并嵌入日本国际销售网络，利用国际生产销售网络的前向关联作用和后向关联作用推动日本出口贸易增长和结构升级。

2008年国际金融危机之后，欧美经济不景气，受到金融危机、景气低迷、日元升值的影响，日本企业经营陷入困境，日本经济形势正在恶化。在日本国内景气衰退、需求萎缩、企业利润恶化的背景下，日本企业海外投资收益的增加可以缓和国内企业收益的恶化，强化企业的财务基础。从日本对外直接投资实践来看，技术优势是日本进行对外直接投资的主要基础。日本仍然具有扩大对外直接投资的经验资源和技术优势，在节能环保领域，日本的技术处于世界领先地位，另外，在汽车、精密机械、半导体和电机等制造业领域，仍然拥有世界一流水平的专利、先进的管理方法。在国内景气衰退、需求萎缩、企业利润恶化的背景下，未来日本还会进一步扩大对外直接投资。

五、对中国的启示

通过对日本对外直接投资的行业特征和区域特征进行分析，发现日本对外直接投资旨在构筑能够实现资源最优配置的国际生产网络。日本对外产业转移通过国际生产网络的资源优化配置，促进了日本贸易产品技术结构升级。本书后面的章节，将对这一机制进行理论分析及实证分析。日本对外产业转移的经验，对中国有以下四点启示。

（1）中国对外直接投资还处于要素寻求型阶段，尤其是制造业的对外直接投资还处于起步阶段。未来中国制造业对外直接投资应借鉴日本经验，以资源最优配置为目的构建全球生产销售网络，促进本国生产和贸易产品技术结构的升级。

（2）提高中国国内的生产水平和技术水平，辅以中国巨大市场的吸引力，尽量吸引高水平的日本对外直接投资。

（3）提高中国国内供应商在价格、服务灵活性上的本土优势，促进中国国内供应商和日本投资企业在供应—采购关系上的对接，尽量高度地将中国本土生产体系嵌入日本国际生产网络，以国际生产网络的产业关联性推动中国本土生产和贸易产品技术结构的升级。

(4) 中国国内各区域在技术和劳动成本方面的禀赋优势各不相同，基于日本资源配置最优型的对外直接投资特征，加强中国国内各区域间的协调，引导日本对外直接投资在中国建立能够促进中国国内各区域整体禀赋优势升级的生产网络。

第六章

对外产业转移与贸易产品技术结构升级机制分析

本书第五章的实证研究表明,日本对外产业转移对其贸易产品技术结构升级起到了促进作用。但日本对外产业转移通过何种渠道或机制影响贸易产品技术结构升级,尚未明了。本章通过对既有研究的归纳整理,从理论上厘清这种机制的作用过程,并通过数据对这一机制进行实证检验。

对机制梳理遵循的过程是:首先,从对外产业转移的典型特征方面对日本对外产业转移特征进行归类,找出最契合日本对外产业转移本质的典型特征;其次,在这一基础上选择合适的理论模型,分析该机制起作用的途径;最后,对理论模型的分析结论进行实证检验。

第一节 研究对象的确定

2000年之前,日本的对外直接投资主要集中在边际产业,日本通过在东亚国家和新兴市场国家的对外直接投资,缓解了国内生产成本上升造成的负面影响,促进了国内制造业劳动生产率的持续提升(赵伟和江东,2010)。企业的对外直接投资,可以通过产业间的转移效应、产业内的关联效应、行业内的竞争效应促进母国产业结构升级(赵伟和江东,2010)。隋月红和赵振华(2012)提出顺梯度对外直接投资、逆梯度对外直接投资的概念,认为通过顺梯度对外直接投资可以实现生产要素在比较劣势产业的退出和抽离,而通过逆梯度对外直接投资可以弥补国内战略资产的不足，通过市场扩张效应，二者共同作用于一国的产业结构调整，引致贸易产品技术结构升级。

从微观角度看，企业的投资行为是在产业内部、产业外部压力下增强盈利能力的理性行为（Ericson and Pakes，1995），是跨国公司在全球化条件下为了最大化自身利益而进行的一种理性经济行为。从微观层面企业对外直接投资的行为特征出发，分析日本对外直接投资影响贸易结构的机制。袁堂军（2013）指出，20世纪90年代之后，跨国公司为了降低生产成本、最大化利润，将生产环节进行分解，尽可能分布于综合条件最好的区域。伴随着碎片化生产的广泛开展，在亚洲地区形成了全球最大的生产网络。基于以上理由，本章主要研究的是2000年之后国际生产网络下，日本对外产业转移影响贸易结构调整的机制。

第二节　日本对外产业转移[①]的分类特征与理论框架

经济学的发展总是深深地植根于经济现实，经济学总是随着经济现实的变化而不断发展。美国总统富兰克林·罗斯福（Franklin Roosevelt）指出，经济学家每隔5~10年就会改变其经济学理论。在不同时期，经济学家需要不同的经济学理论，每一种经济理论都受当时历史环境的影响。究其根本，经济学思想的演变并非对既有理论的否定，而是基于经济现实研究重点的改换，改换的目的也是为了更好地解释经济现实。随着国际分工水平从产业间深入产业内以及产品内，对外直接投资也有了不同于以往的新特征。

一、对外直接投资的分类特征与理论研究脉络

本章主要关注20世纪80年代以后，从跨国公司微观角度研究对外直接投资的理论模型。

[①] 为了和前人研究的表述保持一致，本章用对外直接投资来表述对外产业转移。

(一) 20 世纪 80 年代之前对外直接投资特征

最早的关于对外直接投资的国际贸易理论分析，多采用 H－O 模型，分析不同国家要素禀赋差异引起的资本流动对贸易的影响。早期研究对外直接投资的理论模型，主要是基于蒙代尔－弗莱明的母机模型、赫克歇尔－俄林模型的比较优势模型。国家间要素禀赋的差异引致专业化或贸易成本的差异，在各个国家间产生要素价格的差异。麦克杜格尔（MacDougall，1960）和肯普（Kemp，1962），最早开始关注对外直接投资的政策含义。20 世纪 60 年代的学者认为，资本稀缺的国家会进口资本，直到资本收益率在国家之间不存在差异，对外直接投资可以使资本获得更高的边际收益，增进一国福利。在这些模型中，资本是指具有同质性的跨国流动资本，在研究时没有对生产行业的资本和国际金融资本进行区分。

凯维斯（Caves，1971）提出的特殊要素模型比赫克歇尔－俄林模型更接近当时的经济现实，认为对外直接投资是厂商层面的资本流动，是资本从母国某一产业流动到东道国的同一产业。在该模型中，厂商处于完全竞争、规模报酬不变的市场环境中，资本在不同产业之间没有明显差别。从研究对象看，凯维斯（1971）中的资本属于生产行业的资本，而不是具有同质性的国际金融资本。

(二) 20 世纪 80 年代对外直接投资特征

随着跨国公司的出现及新经济理论的兴起，20 世纪 80 年代开始，关于对外直接投资的研究将跨国公司纳入国际贸易的微观一般均衡模型（Markusen，2001）。传统的、最权威的关于对外直接投资的分类，是将其分为两种：水平型对外直接投资（Markusen，1984；Horstmann and Markusen，1987；Markusen and Venables，1998）和垂直型对外直接投资（Helpman，1984）。这种划分方法，主要基于对外直接投资的目的——通过对外直接投资降低生产成本或者贸易成本，这是符合当时产业间分工以及产业内分工背景下对外直接投资的特征。

马库森（1984）提出了水平型对外直接投资的模型，该模型认为厂商层面存在的规模经济促进了对外直接投资的发展。跨国生产的动机在于，不同国家之间要素禀赋的差异使得两个不同国家子公司的固定成本小于同一国家的两个子公司。跨国公司可以在多个子公司生产同一产品，以本地生产供应本地市场。这种投资目的的公司被认为是水平型对外直接投资公司。在实际经济生活中，水平型对外直接投资公司中往往也会存在一些垂直元素，例如，总部生产一些关键零部件供应东道国子公司。基于此种现象，霍斯特曼和马库森（Horstmann and Markusen，1987，1992）、布兰纳德（1993a）对该模型进行了扩充，将这种对外直接投资行为归类为市场接近假说。马库森和维纳布尔斯（1998，2000）对一般均衡理论的扩展，使得此模型可以和赫尔普曼—克鲁格曼（Helpman - Krugman）垂直模型相媲美。总体而言，水平型对外直接投资模型表明，当存在中等程度或高等程度的贸易成本时，厂商层面的规模经济使得对外直接投资行为会在两个禀赋相似的国家之间发生。

赫尔普曼（1984）提出了垂直型对外直接投资模型，该模型中有两种部门——总部部门和生产部门，这两种部门的生产需要不同的资本要素密度，可以在地理上独立进行。该文献提出，厂商在东道国进行生产部门的生产，在母国进行资本密集型的总部型生产。这两种生产方式通过将生产在地理上独立以降低生产成本，垂直型对外直接投资的本质是效率寻求型。垂直型对外直接投资节约生产成本的主要目的是，增加商品贸易额（除了无形的总部贸易）。该模型假设零贸易成本，模型的重点在于指出厂商具有将总部和子公司在地理上独立的激励。在该模型中，跨国公司通过多个厂商生产一系列有差别产品的集合，跨国公司可以将一些产品的生产布局于一个国家，将其他产品的生产布局于另一个国家，所生产的产品分别在两个国家销售，公司内部贸易的存在必然会引起跨国生产。

水平型对外直接投资和垂直型对外直接投资的理论模型，是基于两国、不存在中间产品并且不存在多市场效应的市场结构。在这种条件下，厂商进行海外生产的优势，在于低生产成本或者低贸易成本。这种动机相应地分为两类传统的对外直接投资类型——水平型对外直接投资（低贸易成本）和垂直型对外直接投资（低生产成本）。水平型对外直接投资将最终产品的生产进行地理上的分割，以本地工厂生产的方式避免贸易成本，用本地生产满足当地对产品的需求。这种对外直接投资的本质是市场寻求型对外直接投资，对贸易具有替代作用。垂直型对外直接投资将最终产品的生产在地理上分散到各国进行，每个国家只进行某一生产环节的生产，各区域的生产组合为某一商品生产。

对进行对外直接投资的跨国公司而言，在短期内，水平型对外直接投资是投资或贸易的问题，而垂直型对外直接投资是投资和贸易的问题。

（三）20世纪晚期对外直接投资特征

20世纪晚期，投资和贸易关系日益密切，对外直接投资的理论因此发展。汉森·马塔洛尼和斯劳特（Hanson Mataloni and Slaughter, 2001）使用美国的数据进行研究，发现传统的水平型对外直接投资和垂直型对外直接投资的分类并不能概括所有跨国公司的对外直接投资特征。以叶普尔（Yeaple，2003）为发端，当时学者的研究开始涉足水平型对外直接投资和垂直型对外直接投资之外的对外直接投资范式。

1. 复合型对外直接投资

叶普尔（2003）在一个简单的三国模型中，研究了复杂对外直接投资策略，在此模型中，贸易成本可以引致水平型对外直接投资，要素价格差异可以引致垂直型对外直接投资。一个发达国家的厂商投资于另一个发达国家，是水平型对外直接投资；一个发达国家的厂商投资于一个发展中国家，是垂直型对外直接投资；一个发达国家的厂商投资于发达国家与发展中国家，是复合型对外直接投资。当贸易成本下降到一定范围的时候，复合型对外直接投资发生。叶普尔（2003）的模型，刻画了在国家间存在复杂的相关关系时的对外直接投资结构。这种相关问题是指，一个国家对外直接投资的水平部分依存于邻国的政策和产业特征，这种相互依存性具有行业异质性。该模型的研究结论，是对于对外直接投资理论的补充且符合当时的经济现实。布兰纳德和瑞克尔（Brainard and Riker, 1997）、斯劳特（Slaughter, 2000）、格罗斯曼和赫尔普曼（2006）的研究，是对该理论的扩展和证实。

2. 出口平台型对外直接投资

分工深化和生产全球化使得越来越多的跨国公司子公司在东道国进行生产，是为了面向其他国家销售，这种对外直接投资被称为出口平台型对外直接投资。莫塔和诺曼（Motta and Norman，1996）、尼尔瑞（Neary，2002）、叶普尔（2003）和埃克霍尔姆（Ekholm，2007）采用三国模型，对出口平台型对外直接投资进行了理论阐述。

叶普尔（2003）在单个厂商同时参与水平型对外直接投资和垂直型对外直接投资的模型中，阐述了一个厂商的投资如何在不同的东道国和其他厂商投资间对贸易产生互补效应或替代效应（被称为第三国效应），即贸易和对外直接投资如何成为互补关系或替代关系。埃克霍尔姆和马库森（Ekholm and Markusen，2007）、格罗斯曼和赫尔普曼等（2006）用更丰富的模型确认了叶普尔（2003）的结论，其中，最典型的是埃克霍尔姆（2007）的理论模型。

埃克霍尔姆（2007）的理论模型采用三国模型，其中，大国 H、大国 F 是对称的具有大的市场和高生产成本的国家，小国 D 是具有小市场、低生产成本的国家，生产的产品主要用于出口。最终产品存在贸易成本，大国生产成本和小国生产成本、母国生产成本和国外生产成本存在差异。如果贸易成本在各国之间是对称的，那么，大国 H 和大国 F 的投资策略是相同的；如果贸易成本不对称，那么，当大国 F 与小国 D 建立自由贸易区时，大国 H 在小国 D 的投资产生中间产品运往小国 D 的贸易成本，同时，节约向大国 F 出口的贸易成本。大国 H 在母国生产和在小国 D 投资生产，取决于小国 D 的成本优势和各国间的贸易成本。当小国 D 成本优势增大且贸易成本降低时，大国 H 对小国 D 的直接投资由出口转为出口平台型对外直接投资。巴尔塔吉、艾格和帕费尔迈尔（Baltagi，Egger and Pfaffermayr，2005）的经验研究表明，第三国效应极为重要。

关于 FDI 分类的传统方法，是水平型对外直接投资和垂直型对外直接投资（Helpman，1984；Markusen，1984），这种分类方法在大量的生产转型、跨国分割生产、国际生产碎片化、生产的垂直专业化以及全球价值链出现之前是很符合现实情况的分类方法。由跨国公司主导的对外直接投资新特征的出现，也促进了对外直接投资理论的发展，复合型对外直接投资和出口平台型对外直接投资的概念和理论框架应运而生。随着经济全球化以及分工的深化，对外直接投资的特征也日新月异，逐渐出现了不同于早期的新特征。相应的对外直接投资的理论研究，从简单的国家间资本流动范畴，发展到以不同的对外直接投资目的划分的水平型对外直接投资、垂直型对外直接投资、复合型对外直接投资以及出口平台型对外直接投资。对外直接投资理论研究，随着对外直接投资新特征的出现而发展。

二、国际生产网络的兴起与网络型对外直接投资

20世纪90年代以来，国际市场不断扩大，跨国公司依靠信息和通信技术，在全球范围内按照各国不同的区位比较优势，对既有资源和分工进行重组，把产品拆分成各个模块，并按照成本最低、创新最高的原则，在不同国家和地区进行专业化生产和组装，从而彻底改变了传统的国际分工形式，形成一种全新的以全球供应链为表现形式的国际生产网络。20世纪90年代以来，国际生产网络是在信息技术兴起条件下跨国生产的根本特征。

安藤（Ando，2006）、木村（Kimura，2006）、阿图科拉拉（Athukorala，2006）、安藤和木村（Ando and Kimura，2008）与桑森和冈本（Kuwamori and Okamoto，2007）的研究，明确提出了生产网络的概念。安藤（2006）从东亚区域机电行业的垂直产业内贸易模式角度通过检验证实了东亚生产网络的存在；木村（2006）、阿图科拉拉（2006）、安藤和木村（2008）从机电行业产业内贸易流向和流量的增长，证实了东亚生产网络在不断扩展；桑森和冈本（2007）利用亚洲多国投入产出表，从产业跨国关联角度通过检验证实了东亚生产网络的存在。山沢（Yamazawa，1990）、科隆宁（Korhonen，1994）、施罗佩尔和真理子（Schroppel and Mariko，2002）和张帆（2003）等研究指出，东亚区域分工是一个不断深化的动态过程，产品内分工的兴起，促使东亚分工体系在20世纪90年代末开始转变，逐步深化并推动形成东亚生产网络。

若杉·隆平（Ryuhei Wakasugi，2007）提出，东亚区域内垂直产业内贸易的发展，使得东亚区域垂直分工纵深化，引致了水平方向的网络交叉，形成了东亚区域内的分散化生产网络。索雷利（1986）、伯鲁斯（1997）、格里·格里芬（1999）、诺里亚和戈沙尔（2004）指出，企业为了最有效地配置资源，需要在全球范围内分解、布局价值链，以实现资源

整合。而国际生产网络是在分工深化到产品内、信息技术发展的背景下，企业为了追求资源的最优配置，在强化比较优势的条件下内生出现的。国际生产网络是企业在全球化背景下优化价值链内生要求的生产组织形式。

国际生产网络的构建，离不开对外直接投资。哈奇和山村（Hatch and Yamamura，1996）指出，日本企业以 FDI 的方式向东亚地区选择性地转移部分国内生产，由此构筑以日本为中心的生产联盟，这是关于东亚生产网络的最早表述。佩特里（Petri，2012）指出，东亚地区的对外直接投资有其特殊的模式。鲍德温和大久保（Baldwin and Okubo，2012）从供应和采购关系的角度对日本对外直接投资的特征进行了分析，发现日本的对外直接投资行为不属于标准的水平型对外直接投资或标准的垂直型对外直接投资，而是属于网络型对外直接投资。在该文献中，鲍德温和大久保根据每个子公司的销售方式和资源配置方式划分对外直接投资，根据对外直接投资的跨国公司的子公司在东道国销售比例和东道国采购比例构建网络型 FDI 箱式示意图，见图 6-1。

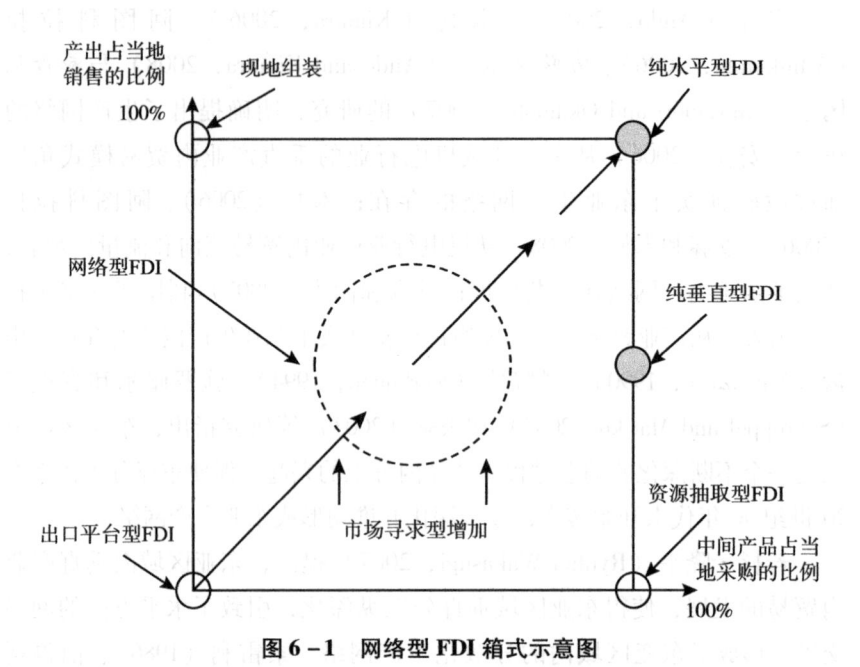

图 6-1 网络型 FDI 箱式示意图

资料来源：笔者转引自 Baldwin R., Okubo T. *Networked FDI: Sales and sourcing patterns of Japanese foreign affiliates.* The World Economy，2014，37（8）：1051-1080.

在图 6-1 中，(1) 纯水平型 FDI 在东北角；对外直接投资的子公司在当地采购全部中间产品并在当地销售全部产出品。(2) 纯垂直型 FDI（Helpman，1984）在东部边上；这一位置所有中间产品在当地采购，部分产出品出口到母国。(3) 出口平台型 FDI 在西南角；这一位置所有中间产品都需要进口，产出品全部出口。(4) 关税规避组装型 FDI 在西北角；这一位置所有中间产品进口，所有产出品都在当地销售。

对外直接投资（FDI）分类特征在图 6-1 中从西南角向东北角方向移动，表示 FDI 和贸易的替代性增加。在东北角的端点处，纯水平型 FDI 抑制了所有贸易，该点的 FDI 是纯水平型对外直接投资；在另一个端点西北角处，中间产品贸易量和最终产品贸易量最大，该点处 FDI 属于当地组装型 FDI。当 FDI 分类特征位置在盒子中的位置向上移动时，表明在 FDI 分类特征中市场寻求型 FDI（反向效率寻求型）目的增加。例如，图 6-1 西边，属于纯市场寻求型 FDI。与此类似，在图 6-1 东边的边界上，资源抽取型 FDI 和纯水平型 FDI 相应属于效率寻求型 FDI 和纯市场寻求型 FDI。

日本跨国公司对外直接投资子公司的销售-资源配置模式，在三个主要的东道国区域——亚洲、北美洲、欧洲具有不同特征。日本在欧洲的子公司只有很少部门的当地销售额超过 50%，或者当地资源配置比超过 60%。原因在于，日本子公司把欧洲看作单一市场，倾向于把一个工厂放在少数欧盟国家，然后，出口到其他欧盟成员国。亚洲地区的部门销售—融资模式和欧洲比较类似，亚洲地区服务和初级产品 FDI 的子公司具有极端的模式，表明亚洲国家市场更加碎片化。亚洲地区和欧洲地区大量的直接投资部门，如机械制造部门，都具有典型的网络型特征，在当地采购中间产品并在当地销售。北美洲的销售—资源配置模式有很大不同，最显著的特征是当地销售的绝对优势，几乎每个部门产出的 50% 以上都在东道国（美国、加拿大、墨西哥）实现销售，在制造业（化学、轻工业、机械制造）尤为显著。这在很大程度上可以归因于美国巨大的市场容量，美国市场几乎相当于全部欧洲市场。

综上所述，本章提出，日本的对外直接投资是网络型的对外直接投资，这是在产品内分工条件下对外直接投资的新特征。日本的对外直接投资呈现出明显的网络型特征,贸易和投资的关联度更深、关系更加复杂。

三、国际生产网络的经济效应

2000年之前,日本的对外直接投资主要集中在边际产业,这种对外产业转移的方式就是众所周知的"雁行模式"产业转移。通过这种方式的产业转移,日本在东亚国家和新兴市场国家进行对外直接投资,缓解了国内生产成本上涨造成的负面影响,实现生产要素在比较劣势产业的退出和抽离,促进日本的产业结构调整,引致贸易产品技术结构升级。

2000年之后,信息技术以及交通技术的发展使得国际分工从产业间、产业内深化到产品内,产品内分工的发展彻底改变了原有的对外产业转移方式和特征。产业转移也从产业间、产业内发展到生产工序或生产环节的跨区域转移,而形成错综复杂的国际生产网络。

(一) 国际生产网络的贸易创造作用

袁堂军(2013)指出,20世纪90年代之后,日本在亚洲地区形成了全球最大的生产网络。沈联涛(2009)指出,东亚的全球供应链比其他地区更为发达,东亚生产网络的原料供应、思想和设计来源于全球范围,并且,主要由美国、日本的跨国公司主导。日本仍然是东亚生产网络的核心节点,是东亚其他经济体生产环节的主要上游供应国(Ng and Yeats, 2008)。

通过国际生产网络,跨国公司集团内海外商业机会信息易于传递、易于达成交易,同时,生产的垂直化使得集团内部的母公司和子公司之间以及子公司之间形成复杂的供应链。集团内的采购关系,通过FDI在国外复制形成了垂直贸易关系(Combes et al., 2005; Rauch, 1996; Belderbos and Sleeuwaegen, 1998; Greaney, 2003)。斯宾塞和丘(2003)指出,商业集团内的网络效应会减少进口,但进口的减少源自母子公司之间和子公司之间采购关系的强化。垂直贸易的采购关系,会更倾向于投资创造特殊关系的项目以提高交易效率。关系型投资沉没成本的存在,使得跨国公司降低了对无关系型对外直接投资的母国供应商的和东道国供应商的采购。从产业组织理论角度看,国际生产网络构成跨国商业网络和跨国社会网络,成为克服非正式贸易壁垒的重要手段(Rauch,2001),可以促进国际贸易活动的开展。

(二) 国际生产网络的优化资源配置作用

国际生产网络是产品内分工条件下由跨国公司主导的产业转移自发形成的。比较优势有两种来源:一种是内生比较优势,基于分工模式产生,如规模经济;另一种是外生比较优势,基于资源分配与资源流向的变化产生,如要素禀赋(杨小凯等,2001)。艾维(2008)指出,国际生产网络使得发达国家可以通过生产要素在空间上的重新配置来利用发展中国家的要素禀赋优势,从而使要素禀赋失去地理意义。也就是说,国际生产网络可以产生外生的比较优势。

巴克利和高里(Buckley and Ghauri,2011)指出,以系统论的观点来看,国际生产网络是全球生产体系的组织形式,每一类商品的生产网络都是系统整体的微观缩影。在生产网络系统中,单个厂商的策略是相互联系的;当厂商处于供给链上不同位置时,其行为是相互联动的。全球生产网络的构建使跨国公司获得了潜在的地理柔性,一方面,通过价值链分工享受东道国的区位优势;另一方面,根据国际国内经营环境的变化,灵活进行生产布局调整,提高竞争能力(刘春生,2011)。

一个生产体系往往由多个相互关联的复杂行为构成,在一个被分割为多个环节的生产过程中,最终产品通过生产网络交给最终用户。在发达经济体中存在多个生产网络,将原材料转换为产品。当生产网络的交易成本高时,生产过程可能会垂直整合为单一的公司;而当市场有效时,生产网络会协调完全由独立企业进行直接贸易,生产网络中每个企业只控制单一生产阶段。当交易成本在某一阶段更高时,交易成本高的环节会集合在一个垂直的厂商内。当不同生产环节分布于不同国家时,就产生了国际生产网络。跨国公司的出现是对生产网络的协调,同时,促进与同一生产网络上其他厂商的协调。控制生产网络部分生产环节的企业,必须和生产网络上相邻环节的厂商进行协调,没有其他企业的协作,每个厂商都难以单独成功,厂商必须将自己的行为嵌入全球生产网络中。全球化生产可以最大化生产网络中所有企业的利益(Casson,2013)。

(三) 国际生产网络的集聚经济性

全球生产网络会影响对外直接投资的决定。最初的几个厂商对某东道国的直接投资产生信息的外部效应，并且，降低生产网络内其他协作厂商对投资选址成本和收益的不确定性。同时，通过共用专有中间产品和服务（包括劳动力培训成本），对外直接投资会产生集聚的外部效应。很多证据证明，正是这些因素引起了日本商业集团成员在海外投资的集聚（Belderbos and Carree，2002；Head et al.，1995；Belderbos and Sleuwaegen，1996；Blonigen et al.，2005；Martin et al.，1999；Smith and Florida，1994；Henish and Delios，2001；Belderbos et al.，2011）。

日本跨国公司的海外子公司有很大概率从母国进口原来供应商的资本密集型中间产品，但是，如果该供应商在海外建立子公司，该跨国公司就会在供应商的海外子公司处采购，对外直接投资的贸易创造效应会降低或消失，这并不是不存在网络效应，而是原有采购关系在国外的复制（Belderbos and Wakasugi，2012）。制造业的对外直接投资与制造业内部各行业是相互关联而存在的，这种相互关联性是对外直接投资扩张及其贸易效应传导的重要渠道。一个行业的对外直接投资，会激发与其关联行业的母国企业出口。

布洛赫和奎鲁（2012）将网络博弈理论框架用于对外直接投资的经验研究。该文献的模型考虑，在存在直接联系的固定网络中的同步选择效应，会刺激生产网络中的企业彼此投资。这可以被认为是国内市场的商业伙伴有同时投资的激励。而且，对外直接投资利润的一部分，对其他厂商来说将被认为是不可观测信息，于是，每个厂商的投资决定依存于合作伙伴不确定性的决定。

第三节　对外产业转移与贸易产品技术结构升级：理论分析

既有研究对外直接投资对于贸易产品技术结构影响的理论模型都是基于国际贸易模型，并未包含空间因素，而对外产业转移的基本特征是包含空间因素的生产要素跨区域流动。而研究对外产业转移的理论模型主要用于分析集聚问题,无法用于分析经济结构问题。对外产业转移是资本在其他区域聚集的自我累积过程,伴随着产业扩张以及人口集中。企业和家庭根据各自的理性预期,在不同时点修正既有的选择,这也是经济体系向均衡趋近的过程。本书以尼柯德(2002)的自由资本垂直流动模型为基础,引入产品内垂直分工,分析以资本流动方式表示的产业转移对贸易产品技术结构的影响。

一、模型的假设

本章将构建 $2\times3\times2$ 模型,两个国家用 H 和 F 表示,H 代表母国,F 代表东道国。两国在偏好、贸易开放程度和要素禀赋方面是对称的。两个国家使用两种要素:劳动力(L)和资本(K),劳动力在本国之内可流动,在两国间不可流动,资本于同一部门内,在国内和国家间可自由流动。

每个国家有三个产业部门:农业部门(A)、中间产品部门(M)和最终产品创造部门(D),在中间产品制造业和最终产品制造业中引入跨国生产。其中,农业部门处于完全竞争的市场条件、规模报酬不变、产品是同质的。农业部门的产品在两国之间是可贸易的,国际交易不存在运输成本。制造业是垄断竞争和规模收益递增的,中间产品制造业的产品是最终产品制造业产品的投入,两个产业间存在垂直的投入产出关系。

两种生产要素:资本(K)和劳动力(L)。农业部门生产只使用一种生产要素——劳动力(L)。制造业部门包括中间产品制造业部门和最终产品制造业部门。制造业部门生产差异化产品,每种工业产品间存在一定差异,企业在本企业产品的生产领域具有一定垄断性。

二、效用函数和消费者行为

(一)效用函数

每个国家的消费者偏好相同,具有相同的效用函数。农业部门的产品可以看作一种产品，制造业部门的产品可以看作中间产品和最终产品的组合。消费者消费农产品和最终产品的组合。

斯彭斯—迪克西特—斯蒂格利茨（Spence – Dixit – Stiglitz）垄断竞争模型的贸易版本和地理版本（Spence, 1976; Dixit and Stiglitz, 1977; Krugman, 1980, 1991），在空间经济学领域获得了广泛应用。空间经济学的理论分析，严重依赖迪克西特—斯蒂格利茨（Dixit – Stiglitz）关于垄断竞争的一般均衡框架。这一框架对效用函数的处理采用了非线性的柯布—道格拉斯函数，柯布—道格拉斯函数的非线性特征使得它在解析时只能采取数字模拟的方法，这种解析方法以丧失较多的理论模型的关键特征为代价（安虎森，2009）。为了解决这一问题，奥塔维诺（Ottaviano, 2002）基于准线性二次效用函数建立了线性模型，用以代替柯布—道格拉斯函数和CES型效用函数，解决非线性模型难以解析的问题。

普吕格（Pflüger, 2004）在一个两国（母国和东道国）、两部门（制造业部门、外部部门）、三种生产要素（工会化的劳动力、非工会化的劳动力、企业资本）的模型中，将消费者的效用函数定义为准线性效用函数。模型假设工会化的劳动力在母国不能流动，也不能跨国流动；非工会化的劳动力在东道国不能流动，在母国可以流动，企业资本在母国和东道国都可以流动。在该模型中，消费者效用函数为双层效用函数。

$$U = \alpha \ln C_X + C_A \quad (6-1)$$

$$C_X = \left[\int_0^N x_i^{\frac{\sigma-1}{\sigma}} + \int_N^{N^*} x_j^{\frac{\sigma-1}{\sigma}} \right]^{\frac{\sigma}{\sigma-1}}, \ \alpha > 0, \ \sigma > 1 \quad (6-2)$$

在式（6-1）、式（6-2）中，C_X表示消费者消费的制造业的总产出；C_A表示消费者消费的外部部门的总产出；x_i表示消费者消费的制造业产出中属于母国的产品种类数；x_j表示消费者消费的制造业产出中属于母国的产品种类数；N表示制造业总产出中属于母国生产的产品种类；N^*表示制造业总产出中由东道国生产的产品种类数；σ表示制造业商品之间的替代弹性。

这种方法可以应用于对两国、两部门、三种生产要素的空间经济学问题的处理，在布劳恩（Braun, 2010）、布罗尔（Broll, 2010）等涉及空间经济学的问题中得到较多应用。本章参考普吕格（2004）和安虎森（2011）的做法，对效用函数进行处理并建立拟线性效用函数，称之为双层效用函数。上层效用函数采用拟线性效用函数①的形式，下层效用函数采用柯布—道格拉斯效用函数的形式。效用函数形式如下：

$$U = U(C_M, C_D, C_A) = \alpha \ln C_M + \beta \ln C_D + C_A \quad (6-3)$$

$$C_M = \left[\sum_{i=1}^{N_d} C_{Mi}^{\frac{\sigma-1}{\sigma}} + \sum_{i=1}^{N_d^*} \left(\frac{C_{Mj}^*}{\tau_d} \right)^{\frac{\sigma-1}{\sigma}} \right]^{\frac{\sigma}{\sigma-1}} \quad (6-4)$$

$$C_D = \left[\sum_{i=1}^{n_d} C_{Di}^{\frac{\sigma-1}{\sigma}} + \sum_{i=1}^{n_d^*} \left(\frac{C_{dj}^*}{\tau_d} \right)^{\frac{\sigma-1}{\sigma}} \right]^{\frac{\sigma}{\sigma-1}} \quad (6-5)$$

其中，$\alpha > 0$，$\beta > 0$，$\sigma > 1$，

消费者消费不同种类的工业品的数量指标，这些工业品之间存在一定的替代性。C_A 表示农产品的消费，将其视为计价物。N 和 N* 表示母国和东道国生产的差异产品的数量，σ 表示制造业产品之间的替代弹性。

（二）消费者行为

消费者的预算约束为：

$$P_M C_M + P_D C_D + C_A = Y \quad (6-6)$$

$$P_M = (N P_{Mi}^{1-\sigma} + N^* (\tau P_{Mj})^{1-\sigma})^{\frac{1}{1-\sigma}}, \quad \tau > 1 \quad (6-7)$$

$$P_D = (N P_{Di}^{1-\sigma} + N^* (\tau P_{Dj})^{1-\sigma})^{\frac{1}{1-\sigma}}, \quad \tau > 1 \quad (6-8)$$

在式（6-6）~式（6-8）中，Y 表示家庭收入，P_M 表示中间产品的完全 CES 价格指数，P_D 表示最终产品的完全 CES 价格指数。P_{Mi} 表示母国生产的中间产品在母国的价格，P_{Mj} 表示东道国生产的中间产品在母国的价格，P_{Di} 表示母国生产的最终产品在母国的价格，P_{Dj} 表示东道国生产的最终产品在母国的价格。τ 为"冰山"交易成本，从东道国运输 1 单位产品到母国，只有 $\frac{1}{\tau}$ 用于消费，其余部分在运输过程中损失。东道国 F 的产品在本国 H 销售，其价格就是 τP_j。

由消费者的效用函数最大化问题求解，可以得到间接效用函数 V：

$$C_M = \alpha P_M^{-1} \quad C_D = \alpha P_D^{-1} \quad (6-9)$$

---

① 拟线性效用函数具有最简单的计算形式，因此，本书的第一层效用函数采用拟线性效用函数的形式。

$$x_i = \alpha P_{Mi}^{-\sigma} P_M^{\sigma-1} \quad (6-10)$$

$$x_1^* = \alpha (\tau P_{Mi}^*)^{-\sigma} (P_M^*)^{\sigma-1} \quad (6-11)$$

$$V = -\alpha \ln P_M - \beta \ln P_D + Y + \alpha(\ln\alpha - 1) + \beta(\ln\beta - 1) \quad (6-12)$$

三、成本函数和厂商行为

(一) 农业部门

假定农业部门的特征是规模报酬不变和完全竞争，并且，两国的农产品都是同质的。农业部门是母国和东道国的共有部门，仅使用劳动力要素作为投入要素，单位农产品的产出需要 a_A 单位劳动力，因此，单位农产品成本是 wa_A，其中，w 为单位劳动力的工资水平。农产品交易不存在交易成本。

选择合适的计量单位，令 L_A 表示劳动力投入，农业产出为 $X_A = L_A$，完全竞争条件下价格等于边际成本，即 $P_A = a_A w$。a_A 为单位产出所需要的劳动投入，w 表示单位劳动力的工资水平。以同质农产品为计价物，设 $a_A = 1$，选择合适的计量单位，令 $w = 1$，则 $P_A = 1$，再假设农产品贸易不存在交易成本，因此，$P_A^* = 1$。

(二) 制造业部门

工业部门特征是规模报酬递增和垄断竞争、使用资本和劳动力两种要素，生产异质但在一定程度上可以替代的产品，每个企业只生产一种与其他企业有差异的产品，每个企业都将单位资本作为固定投入。工业部门的产品在区际交易中，存在"冰山"贸易成本[①]。

1. 成本函数

制造业部门使用资本和劳动力两种生产要素生产差异化产品，企业的成本函数可以写成：

---

① 在本章中，模型中商品在两国之间的交易和在母国内的交易，可以看作商品在一个区域生产，在另外一个区域消费，所有特定地区生产的特定产品具有相同价格。商品的产品在区际交易过程中，必然会产生运输成本等成本，本章假定运输成本采取萨缪尔森引进的"冰山"成本形式。

$$f_M(x) = r + a_M w_L x \qquad (6-13)$$

$$f_D(x) = r + a_D w_L x \qquad (6-14)$$

r 表示资本收益率，w_L 表示劳动力的名义工资，x 表示企业产出。中间产品部门劳动力和最终产品部门劳动力投入不同。

a_M 表示母国生产单位中间产品所需要的单位劳动力数量；a_D 表示母国生产单位最终产品所需要的单位劳动力数量；最终产品的生产属于标准化产品的生产，单位最终产品的生产所需单位劳动力投入份额 a_D 固定不变。

中间产品部门以劳动力和资本作为投入要素，生产中间产品。中间产品部门资本的积累会产生知识资本的积累，知识资本的积累会提高生产效率，资本积累的跨期外部性，会不断降低中间产品部门的生产成本。

2. 资本创造成本参数的决定

资本创造成本函数，是以可利用的总知识资本存量为分母的反比例函数形式。

以母国为例，K 为可利用的知识资本总存量，资本创造成本为：

$$a_I = \frac{1}{K + f(\phi)K^*} \qquad (6-15)$$

在式（6-15）中，$f(\phi)$ 是 ϕ 的增函数形式，表示东道国对母国的交易成本随着区际交易成本降低而增大。本章采用线性函数的形式。假设：

$$f(\phi) = \frac{(1+\phi)}{2} \qquad (6-16)$$

那么，北部资本创造成本和南部资本创造成本，分别为式（6-17）和式（6-18）：

$$a_I = \frac{1}{\left[K + \frac{(1+\phi)K^*}{2}\right]} \qquad (6-17)$$

$$a_I^* = \frac{1}{\left[K^* + \frac{(1+\phi)K}{2}\right]} \qquad (6-18)$$

制造业部门产品的生产效率，也从知识资本积累的外部性中获益，即产品生产效率随着可利用的总知识资本存量增长而上升。新经济地理学中表示生产效率的变量，是产出的边际投入 a_M，a_M 的大小和劳动力的生产效率成反比，$1/a_M$ 表示生产效率指标，因此，需构建与可利用的总知识资本存量呈负相关的函数，在此采用负幂函数。

以北部地区为例，其企业产出边际投入：

$$a_M = \left(K + \frac{(1+\phi)K^*}{2} \right)^{\frac{1}{(1-\sigma)}} \quad (6-19)$$

南部地区企业的产出边际投入：

$$a_M^* = \left(K^* + \frac{(1+\phi)K}{2} \right)^{\frac{1}{(1-\sigma)}} \quad (6-20)$$

3. 厂商行为

生产者的价格用 P_i 表示，东道国的价格用 P_i^* 表示，母国中间产品制造业代表性厂商的利润 $\prod_{Mi}$ 为：

$$\prod_{Mi} = (P_{Mi} - a_M)(L_M + K_M)x_i + (P_i^* - a_M)(L_M^* + K_M^*)\tau x_i^* - r \quad (6-21)$$

母国最终产品制造业代表性厂商的利润 $\prod_{Di}$ 为：

$$\prod_{Di} = (P_{Di} - a_D)(L_D + K_D)x_i + (P_i^* - a_D)(L_D^* + K_D^*)\tau x_i^* - r \quad (6-22)$$

在垄断竞争条件下，利润最大化的一阶条件：

$$\frac{\partial \prod_{Mi}}{\partial x_i} = 0 \quad (6-23)$$

此时，价格指数为：

$$P_{Mi} = \frac{a_M \sigma}{\sigma - 1} \quad (6-24)$$

在均衡状态时，中间产品满足市场出清条件时的生产规模：

$$X_{Mi} = \frac{r(\sigma - 1)}{a_M} \quad (6-25)$$

在均衡状态时，最终产品满足市场出清条件时的生产规模：

$$X_{Di} = \frac{r(\sigma - 1)}{a_D} \quad (6-26)$$

中间产品制造业生产函数：

$$Q_M = (f_M + \beta_M X_{Mi}) = L_{Mi}^{\alpha} K_{Mi}^{1-\alpha} (0 < \alpha < 1) \qquad (6-27)$$

最终产品制造业生产函数：

$$Q_D = (f_D + \beta_D X_{Di}) = L_{Di}^{\delta} K_{Di}^{1-\delta-\theta} Q_M^{\theta} (0 < \delta < 1, \ 0 < \theta < 1) \qquad (6-28)$$

上游制造业中间产品的使用比例由 α 决定，下游制造业最终产品的生产中中间产品的使用比例由 δ 和 θ 决定。当上游中间产品投入较多时，下游最终产品生产中的劳动力、资本投入比例较低；当上游中间产品投入较少时，下游最终产品生产中的劳动力、资本投入比例较高。

四、模型分析

（一）均衡问题求解

当市场出清时，对于差异品 i 有：

$$X_i = (L + K)x_i + (L^* + K^*)\tau x_i^* \qquad (6-29)$$

在式（6-29）中，X_i 表示母国生产，x_i^* 表示东道国居民对母国产品的需求。

（二）出口问题

1. 均衡时的贸易额

当 $W = 1$ 时，中间产品的边际成本为 a_M，最终产品的边际成本为 a_D，$a_M > 0$，$a_D > 0$。

市场出清时，出口数量：

$$EX_i = (L^* + K^*)\tau x_i^* \qquad (6-30)$$

出口总数额：

$$ex_i = p_i^* x_i^* (L^* + K^*) \qquad (6-31)$$

又：

$$x_i^* = \alpha(\tau p_i^*)^{-\sigma}(P_M^*)^{\sigma-1} \qquad (6-32)$$

因此，出口数额：

$$ex_i = \alpha\left(\frac{p_i^*}{P_i}\right)^{1-\sigma}(L_M^* + K_M^*) \qquad (6-33)$$

又企业数等于资本数：

$$N_D = K_D \text{ 并且 } N_D^* = K_D^* \qquad (6-34)$$

地区差异产品的价格指数：

$$P_i = p_i \left(\sum_{j=1}^{2} \phi_{ij} K_j \right)^{\frac{1}{1-\sigma}} \qquad (6-35)$$

本章中两国模型 j = 2，故：

$$P_{Hi} = p_{Hi} (\phi_{HF} K_F + K_H)^{\frac{1}{1-\sigma}} \qquad (6-36)$$

对于中间产品制造业有：

$$P_{HMi} = p_{HMi} (\phi_{HF} K_{FM} + K_{HM})^{\frac{1}{1-\sigma}} \qquad (6-37)$$

对于最终产品制造业有：

$$P_{HDi} = p_{HDi} (\phi_{HF} K_{FD} + K_{HD})^{\frac{1}{1-\sigma}} \qquad (6-38)$$

代入出口的表达式，可以得到：

$$ex_i = \alpha \left[\frac{\phi_{HF}(L_F + K_F)}{\phi_{HF} K_H + K_F} \right] \qquad (6-39)$$

对于中间产品制造业，有：

$$ex_M = \alpha \left[\frac{\phi_{HF}(L_{FM} + K_{FM})}{\phi_{HF} K_{HM} + K_{FM}} \right] \qquad (6-40)$$

对于最终产品制造业，有：

$$ex_D = \alpha \left[\frac{\phi_{HF}(L_{FD} + K_{FD})}{\phi_{HF} K_{HD} + K_{FD}} \right] \qquad (6-41)$$

2. 均衡时的贸易产品技术结构

贸易产品技术结构用来反映一国不同技术水平贸易产品的技术构成比例，出于简化分析目的，本章分析中将一国的贸易产品技术结构表示为中间产品和最终产品出口数量之比，用公式表示为：

$$str = \frac{ex_M}{ex_D} \qquad (6-42)$$

（三）对外直接投资对贸易产品技术结构的影响

1. 对外直接投资后的贸易产品技术结构

没有进行对外直接投资时的母国贸易产品技术结构为 str^1，公式如下：

$$str^1 = \frac{ex_M}{ex_D} = \frac{\phi(L_M^* + K_M^*)}{\phi K_M + K_M^*} \times \frac{\phi K_D + K_D^*}{\phi K_M + K_M^*} \qquad (6-43)$$

第六章　对外产业转移与贸易产品技术结构升级机制分析　135

中间产品行业和最终产品行业进行对外直接投资的数额，分别为 ΔK_M 和 ΔK_D。

中间产品行业进行对外直接投资后，东道国中间产品行业资本存量为：

$$K_M^{*\prime} = K_M^* + \Delta K_M \qquad (6-44)$$

最终产品行业进行对外直接投资后，东道国最终产品行业资本存量为：

$$K_D^{*\prime} = K_D^* + \Delta K_D \qquad (6-45)$$

假设投资总量一定，中间产品行业和最终产品行业进行对外直接投资后，母国中间产品行业资本存量为：

$$K_M^\prime = K_M - \Delta K_M \qquad (6-46)$$

母国最终产品行业资本存量为：

$$K_D^\prime = K_D - \Delta K_D \qquad (6-47)$$

将式（6-44）、式（6-45）、式（6-46）、式（6-47）分别代入式（6-43）可知，中间产品行业和最终产品行业都进行对外直接投资以后的贸易技术结构为：

$$\text{str}^2 = \frac{ex_M}{ex_D} = \frac{\phi(L_M^* + K_M^* + \Delta K_M)}{\phi(L_D^* + K_D^* + \Delta K_D)} \times \frac{\phi(K_D - \Delta K_D) + K_D^* + \Delta K_D}{\phi(K_M - \Delta K_M) + K_M^* + \Delta K_M}$$

$$(6-48)$$

整理可得：

$$\text{str}^2 = \frac{L_M^* + K_M^* + \Delta K_M}{L_D^* + K_D^* + \Delta K_D} \times \frac{[\phi(K_D - \Delta K_D) + K_D^* + \Delta K_D]}{[\phi(K_M - \Delta K_M) + K_M^* + \Delta K_M]} \qquad (6-49)$$

假设中间产品行业对外直接投资后，中间产品行业贸易额变化，则：

$$\Delta EX_M = EX_M^1 - EX_M^2 \qquad (6-50)$$

将式（6-44）、式（6-45）、式（6-46）、式（6-47）分别代入式（6-40），可得中间产品出口数额的变化量：

$$\Delta EX_M = \alpha \left[\frac{\phi_{HF}(L_M^* + K_M^*)}{\phi_{HF} K_M + K_M^*} - \frac{\phi_{HF}(L_M^* + K_M^* + \Delta K_M)}{\phi_{HF}(K_M - \Delta K_M) + K_M^* + \Delta K_M} \right]$$

$$(6-51)$$

最终产品制造业对外直接投资后贸易额变化：

$$\Delta EX_D = EX_D^1 - EX_D^2 \qquad (6-52)$$

将式（6-44）、式（6-45）、式（6-46）、式（6-47）分别代入式（6-41），可得最终产品出口数额的变化量：

$$\Delta EX_D = \alpha \left[\frac{\phi_{HF}(L_D^* + K_D^*)}{\phi_{HF} K_D + K_D^*} - \frac{\phi_{HF}(L_D^* + K_D^* + \Delta K_D)}{\phi_{HF}(K_D - \Delta K_D) + K_D^* + \Delta K_D} \right]$$

(6-53)

贸易产品技术结构的变化可以简化为由最终产品贸易和中间产品贸易变化额的相对比重来表示，即：

$$STR = \frac{\Delta EX_M}{\Delta EX_D} \quad (6-54)$$

2. 对外直接投资后贸易产品技术结构升级的条件

贸易产品技术结构升级，即中间产品出口增加的份额大于最终产品出口增加的份额，等价于 $STR > 1$，即：

$$\frac{\Delta EX_M}{\Delta EX_D} > 1 \quad (6-55)$$

将式（6-49）、式（6-51）分别代入式（6-53）可得：

$$\frac{\Delta EX_M}{\Delta EX_D} = \frac{\alpha \left[\dfrac{\phi_{HF}(L_M^* + K_M^*)}{\phi_{HF} K_M + K_M^*} - \dfrac{\phi_{HF}(L_M^* + K_M^* + \Delta K_M)}{\phi_{HF}(K_M - \Delta K_M) + K_M^* + \Delta K_M} \right]}{\alpha \left[\dfrac{\phi_{HF}(L_D^* + K_D^*)}{\phi_{HF} K_D + K_D^*} - \dfrac{\phi_{HF}(L_D^* + K_D^* + \Delta K_D)}{\phi_{HF}(K_D - \Delta K_D) + K_D^* + \Delta K_D} \right]} > 1$$

(6-56)

由式（6-56）可知，在 α 和 ϕ_{HF} 一定的情况下，母国和东道国都存在中间产品行业和最终产品行业的资本存量之比，对于求解式（6-54）至关重要。

母国和东道国都存在中间产品行业和最终产品行业，关于母国和东道国中间产品行业和最终产品行业的分布情况，只有两种可能，一种是母国和东道国的中间产品行业和最终产品行业的资本存量对称分布，即母国中间产品行业和最终产品行业的资本存量之比，等于东道国的中间产品行业和最终产品行业的资本存量之比。另一种是母国和东道国的中间产品行业和最终产品行业的资本存量不对称分布，即母国中间产品行业和最终产品行业的资本存量之比不等于东道国的中间产品行业和最终产品行业的资本存量之比。

假设当母国和东道国的中间产品行业和最终产品行业的资本对称分

布时，则有：

$$K_D = K_M = K_D^* = K_M^* = \frac{1}{2} \qquad (6-57)$$

将式（6-57）代入式（6-56）简化可得：

$$\Delta K_D > \Delta K_M \qquad (6-58)$$

当母国和东道国的中间产品行业和最终产品行业资本对称分布时，贸易技术结构升级的条件为 $\Delta K_D > \Delta K_M$，最终产品行业的对外直接投资大于中间产品行业的对外直接投资。

假设当母国中间产品行业和最终产品行业的资本不对称分布，东道国中间产品行业和最终产品行业的资本对称分布时，东道国资本存量：

$$K_D^* = K_M^* = \frac{1}{2} \qquad (6-59)$$

将式（6-59）代入式（6-50）可得：

$$STR = \frac{1+\Delta K_M}{1+\Delta K_D} \times \frac{\left[\phi(1-K_M-\Delta K_D)+\dfrac{1}{2+\Delta K_D}\right]}{\left[\phi(K_M-\Delta K_M)+\dfrac{1}{2+\Delta K_M}\right]} \qquad (6-60)$$

整理可得：

$$STR = \frac{1+\Delta K_M}{1+\Delta K_D} \times \left[\frac{(\Delta K_M+\Delta K_D)(1-\phi)+\dfrac{1}{2+\phi}}{\phi(K_M-\Delta K_M)+\dfrac{1}{2+\Delta K_M}} - 1\right] \qquad (6-61)$$

随着母国对外直接投资的进行，母国贸易产品技术结构升级的条件为 $STR > 1$。

将式（6-57）对 K_M 求一阶导数，整理可得：

$$\frac{\partial STR}{\partial K_M} = (-1)\frac{1+\Delta K_M}{1+\Delta K_D} \times \left(\frac{\phi\left[(\Delta K_M+\Delta K_D)(1-\phi)+\dfrac{1}{2+\phi}\right]}{\left[\phi(K_M-\Delta K_M)+\dfrac{1}{2+\Delta K_M}\right]^2}\right) < 0$$

$$(6-62)$$

K_M 为母国中间产品行业的对外直接投资，取值范围为：

$$K_M \geqslant 0 \qquad (6-63)$$

可知，随着中间产品行业对外直接投资的进行，K_M 取值范围为：

$K_M > 0$。

令 STR = 1 时,当 $K_M = \frac{1}{2}$ 时,STR > 1 的条件是:

$$\Delta K_D > \Delta K_M \qquad (6-64)$$

综上所述,对外直接投资后,母国中间产品行业资本占比提高,当中间产品在母国的生产比例更高时,对外直接投资可以促进母国贸易产品技术结构的升级。

五、模型的核心结论

(一) 资源配置优化效应

分工深化使得单个环节上生产规模的增大增加企业收益,根据母国、东道国资源禀赋优势不同,将不同环节的生产配置在不同国家,一方面,规模经济会增加生产企业的收益;另一方面,通过对外直接投资会降低在母国的生产成本,从而增加母公司的整体收益。运输成本降低和分工水平深化,使得存在资源空间分布不均衡的情况下,进行跨国生产会产生相对于母国的高利润,引致跨国投资的产生以及跨国生产网络的形成。跨国生产网络的构建,会产生资源配置优化效应。

(二) 资本积累和创新的循环累积因果关系

本模型中资本积累和创新的循环累积因果关系,体现在资本创造成本方面。资本创造成本依赖于资本积累状况,资本积累越大,新部门的生产成本越低,资本创造动力越强,母国新产业的产业份额就会越大,又会导致创新成本降低,形成循环关系。

资本积累和创新的循环累积因果关系,还体现于中间产品生产和最终产品生产使用的资本品专用性上。如果东道国在中间产品生产上具有资源禀赋优势,在东道国进行对外直接投资生产技术水平较高的中间产品,相对于母国可以降低中间产品的创新成本,促进母国中间产品资本的积累,从而促进母国中间产品生产部门的创新和生产。本模型中的中间产品生产部门和最终产品生产部门,可以理解为高技术水平产品部门和低技术水平产品部门的生产。对不同技术水平的产品生产部门资产专用性的分割，也符合经济现实。

（三）对外直接投资集聚经济性

对外直接投资是资本在母国以外区域聚集的自我累积过程，伴随着产业扩张和人口集中。不同产品生产部门在某一区域的生产，可以共用服务业部门以及其他生产性服务业部门，从而降低生产成本，这在本模型中厂商成本函数的设定中反映出来。在某一区域直接投资的聚集可以产生集聚的经济性。同一产品的生产分工环节或工序在垂直方向的深化和不同生产分工环节或工序在某一区域的集聚性，共同构成对外直接投资的网络效应。

随着分工深化和经济全球化的发展，关于对外直接投资与国际贸易的理论研究同步发展。根据对外直接投资的不同特征，关于对外直接投资与贸易的理论研究从基于两国禀赋差异的资本流动，到基于跨国公司投资目的视角的水平型生产资本转移和垂直型生产资本转移，以及基于复合型生产资本转移、出口平台型生产资本转移。信息技术及产品内分工的发展，彻底改变了传统的国际分工模式，形成了国际生产网络。鲍德温和大久保（2012）指出，日本对外直接投资的典型特征是网络型对外直接投资。网络型对外直接投资的根本特征有两个：一是同一产品生产分工的垂直性；二是不同生产环节间对外直接投资的区域集聚性。

本节基于日本对外直接投资的网络型特征，基于新经济地理学的垂直关联模型，构建存在资本专用性和知识积累效应的资本创造成本，分析存在网络型特征的对外直接投资是否会引起母国贸易产品技术结构升级。

本节通过理论分析发现，对外直接投资能够扩大母国资本品部门的生产比例，可以促进母国贸易产品技术结构升级。对外直接投资主要通过资源配置优化效应、资本积累和创新的循环累积因果关系以及对外直接投资的集聚效应，实现母国贸易产品技术结构升级。对外产业转移通过构建国际生产网络，可以实现母国贸易产品技术结构升级。

第四节　对外产业转移与贸易产品技术结构升级：实证分析

一、实证研究思路

本节主要在第三节理论分析的基础上，对于对外直接投资引起贸易技术结构改变的机制进行实证检验。综合以上分析，笔者认为，从微观角度，国际生产网络的形成是跨国公司综合考虑生产分工的垂直化和对外直接投资在水平方向集聚效应的结果。跨国公司可以通过国际生产网络实现成本最小化和利润最大化，将位于价值链低端的生产工序或生产环节转移到其他国家，母公司集中进行价值链高端的生产工序或生产环节的生产。通过国际生产网络，实现资源配置优化效应、资本积累和创新的循环累积关系、对外直接投资的集聚经济性，引致贸易产品技术结构升级。

本书研究的贸易产品技术结构正是产业结构问题的深化，对于贸易大国日本而言，贸易产品技术结构与其国内经济结构是镜像与原像的关系。

研究产业结构问题，从数据来源上看，大多采用第一产业、第二产业、第三产业的划分或者采用投入产出表体系的产业划分，投入产出表中最多可以划分为108类细分产业。然而，投入产出表的编制，具有时间上的滞后性和不连续性。本章采用SITC Rev.2 三分位数标准的贸易数据，相对于产业结构的相关数据，具有较强的时间同步性和连续性。

在国际分工深化到产品内背景下，国际生产网络的形成是目前全球化的重要特征，是跨国公司主导的对外直接投资在空间上相互依赖的经济结果。在国际生产网络中，作为对外直接投资主体的跨国公司处于复杂的供给链中，在进行对外直接投资选址时，受到处于相同供给链中其他跨国公司对外直接投资的影响，即跨国公司的对外直接投资行为受到来自分工深化所要求的垂直化的影响，同时，又受到共用配套服务以及降低采购成本所要求的集聚倾向的影响，二者相互作用的结果是形成了国际生产。换而言之，国际生产的网络效应，通过对外直接投资在垂直分工基础上的空间相关性表现。

二、实证方法

（一）实证模型的选择

1. 空间计量经济学简介

空间计量经济学是计量经济学的一个新兴分支，主要研究如何在横截面数据回归模型和面板数据回归模型的基础上处理空间相关性问题和空间结构性问题。当样本数据存在空间自相关性时，标准的计量分析通常会出现估计无效的情形。这种情形在包含空间地理因素的数据中经常出现。空间计量经济学可以从带有空间因素的数据集中提取隐含的空间模式和非空间模式，从而对包含空间因素以及空间相关性的经济数据集做出有效估计。随着计算机信息处理技术的发展，在截面数据及面板数据中分析空间相关性的技术方法日趋成熟。

既有实证研究中存在的问题，包括关于空间相关性问题的处理。既有研究假定母国对东道国的直接投资决定是独立的，比如，一个日本公司在对印度的直接投资进行实证分析时，假定此日本公司对印度的直接投资只针对印度的国内外经济情况进行决策，而不受印度邻国的国内外经济情况的影响。而现实情况是，交通运输成本及区域性贸易协定的存在，使得决定对某个东道国的直接投资时，同时需要考虑是否将产品运输到东道国的毗邻国家进行销售。在本书第四章第二节"灵活运用区域性贸易协定"部分，对这一事例进行了具体说明。这一问题是对外直接投资的空间相关性问题，也是构成国际生产网络重要推动力量"集聚的经济性"的重要来源。如果忽视这种空间相关性问题，运用常规的计量经济学处理方法对数据进行处理，那么会产生较大偏差，导致参数估计的不一致、过高的 R^2 以及不正确的结论（Anselin，1988）。为校正潜在缺陷，本章的实证研究方法要考虑数据中的空间相关性，将空间相关性纳入贸易产品技术结构升级机制问题的实证分析之中。

2. 本章采用的模型：空间面板回归模型

布朗尼根等（Blonigen et al.，2004，2007）、加勒森（Garretsen，2009）使用空间面板回归方法，在考虑对外直接投资空间相关性基础上，研究了美国和荷兰对外直接投资的决策问题。符淼（2009）、何兴强和王利霞（2008）、姚奕和倪勤（2011）使用空间面板回归方法，以中国不同城市为样本，研究了存在空间相关性基础上的 FDI 经济效应。综上所述，本章将空间计量经济学的空间面板回归方法，应用于存在对外直接投资空间相关性的贸易产品技术结构升级机制问题的实证分析。

本章采用空间面板回归模型，通过日本对外直接投资东道国的地理数据建立空间变量，分析空间变量影响下的对外直接投资对日本出口贸易产品技术结构的影响。空间面板回归模型分为空间滞后回归模型和空间误差回归模型。空间滞后回归模型适用于含有空间因素的对外直接投资的研究，关于对外直接投资的经验研究大多采用空间滞后回归模型。妮可和桑德拉（Nicole and Sandra，2006）、布朗尼根等（2004，2007）、加勒森（2009）、符淼（2009）、何兴强和王利霞（2008）、姚奕和倪勤（2011）等文献关于对外直接投资空间相关性的模型均采用空间滞后模型，同时，本章第三节的理论分析得出，对外直接投资对贸易产品技术结构升级具有循环累积作用。综合以上两种因素，本章的实证模型采用空间面板的滞后回归模型。采用妮可和桑德拉（2006）、布朗尼根等（2004，2007）、加勒森（2009）对空间面板数据的处理方法，本章对于空间面板模型采用最大似然法（ML）进行估计。使用 Stata 12.0 软件的空间计量模块，利用各东道国的地理位置数据计算空间权重矩阵，再使用 Stata 12.0 软件，对空间面板数据采用最大似然估计法（ML）进行空间面板滞后模型的回归分析。

参考加勒森（2009）的方法以及鲍德温和大久保（2012）对日本对外直接投资区域特征的描述，在进行空间面板回归分析时，根据日本对外直接投资的特征，将研究对象以欧洲区域、北美区域、亚洲区域进行划分，不仅分析日本对外直接投资总体的空间效应对于对外直接投资的影响，还进行分区域的细分分析。

(二) 计量方程

本节实证分析采用的计量方程如下：

$$STR_{it} = k_1 \times W \times OFDISTOCK_{it} + k_2 W \times OFDIFLOW_{it} + k_3 W \times GDP_{it}$$
$$+ k_4 W \times PGDP_{it} + k_5 OFDIWS_t + k_6 OFDIWF_t + k_7 exchange_t + u_t$$

$$(6-65)$$

在式 (6-65) 中，W 表示各东道国地理因素的空间权重矩阵；$OFDISTOCK_{it}$ 表示日本对东道国 i 的直接投资在 t 年的存量数据；$OFDIFLOW_{it}$ 表示日本对东道国 i 的直接投资在 t 年的流量数据；GDP_{it} 表示东道国 i 在 t 年的 GDP 总量；$PGDP_{it}$ 表示东道国 i 在 t 年的人均 GDP；$OFDIWS_t$ 表示日本对世界（此处指全部东道国）直接投资在 t 年的存量数据；$OFDIWF_t$ 表示日本对世界（此处指全部东道国）直接投资在 t 年的流量数据；$exchange_t$ 表示日元汇率水平。模型中所有变量均采用对数形式。对外直接投资的流量数据在某些年份为负值，在数据处理过程中，将对外直接投资的赋值为 1，再取对数进行处理。

在空间计量模型中，空间滞后回归模型适用于含有空间因素的对外直接投资研究，经验研究大多采用空间滞后回归模型，本章采用空间滞后回归模型，用最大似然估计法 (ML) 进行估计。

(三) 模型变量的说明

本章采用空间计量方法，分析网络效应对于对外直接投资结构的影响。本章的变量设置，分为空间计量变量和常规计量变量两种。

1. 空间计量变量

(1) $Wg \cdot OFDISTOCK_{it}$ 表示空间权重矩阵与母国对东道国 i 在年度 t 对外直接投资存量的乘积，该变量度量了地理上邻近的东道国对外直接投资存量对日本出口到该国的贸易产品技术结构的影响程度。参考布朗尼根等 (2004)、加勒森 (2009)、何兴强和王利霞 (2008) 对该变量系数的解释，该变量系数度量了对外直接投资的集聚效应。这里的集聚效应与空间地理经济学的产业集聚现象有所不同，空间地理经济学的产业集聚现象是指，产业在某一地区内部的集聚，本章的集聚效应是指，某一国家与其周边国家在空间上存在相关性而产生的国家间的集聚。根据本章第三节的理论分析，集聚效应的产生是在产品内分工条件下，跨国公司为了实现资源的最优配置，而将生产的工序或环节分布于地理位置不同的国家。跨国公司生产分工垂直化趋势深入和生产布局区域集聚性相互叠加，形成了国际生产网络。因此，在本章中，该变量的系数可以反映国际生产网络对贸易产品技术结构调整的影响，用于衡量某一东道国的贸易产品技术结构调整是否受到国际生产网络的影响，以及受到国际生产网络何种程度的影响。

（2）$Wg \cdot OFDIFLOW_{it}$ 表示空间权重矩阵与母国对东道国 i 在年度 t 对外直接投资流量的乘积。该变量度量了与日本在地理上邻近的东道国对外直接投资流量对日本出口到该国的贸易产品技术结构的影响程度。加入这一变量的主要作用，是与对外直接投资存量的集聚效应做对比，分析这两个变量系数的数量级别以及显著性程度，判断对母国贸易产品技术结构调整产生影响的是对外直接投资的累积存量，还是对外直接投资的趋势性流量。

（3）$Wg \cdot GDP_{it}$ 表示空间权重矩阵与母国对东道国 i 在年度 t 的 GDP 总量的乘积。该变量度量了与日本在地理上邻近的东道国 GDP 总量对日本出口到该国的贸易产品技术结构的影响程度。在对外直接投资的相关文献中，一国的 GDP 总量往往用来衡量该国的市场容量。参考布朗尼根等（2004）、加勒森（2009）、何兴强和王利霞（2008）对该变量系数的解释，该变量度量了东道国的市场容量对日本出口到该国的贸易产品技术结构的影响。

（4）$Wg \cdot PGDP_{it}$ 表示空间权重矩阵与母国对东道国 i 在年度 t 人均 GDP 总量的乘积。该变量度量了与日本在地理上邻近的东道国人均 GDP 水平对日本出口到该国的贸易产品技术结构的影响程度。罗德里克（2006）、斯科特（2008）、祝树金（2010）等指出，一国的贸易产品出口技术结构与该国的人均收入水平正相关。一国的人均 GDP 数据既可以作为该国人均收入水平的衡量指标，也可以作为该国经济发展水平的衡量指标。该变量的系数可以反映相对于市场容量，日本出口到某一国家贸易产品的技术结构是否受到该国经济发展水平的影响，以及所受影响的程度和显著性。

2. 常规变量的选取

常规变量的选取，在考虑本章研究目的和数据可得性的基础上进行选择。

本章的被解释变量为贸易产品技术结构，本章对贸易产品技术结构的定义方法与本书第五章对贸易产品技术结构的定义方法相同，以基于贸易产品附加值的技术结构指数，衡量日本对东道国出口的贸易产品技术结构水平。常规的解释变量有以下三个。

（1）$OFDIWF_t$ 表示日本对世界（此处指全部东道国）直接投资的年度流量。国际生产网络是日本为了达到资源优化配置的目的，根据各东道国的资源禀赋优势和空间位置，在各东道国进行对外直接投资布局产生的。对世界（此处指全部东道国）直接投资的年度流量，反映日本为了构建国际生产网络而进行对外直接投资的数量。因此，该变量的系数可以反映构建国际生产网络的行为、对日本出口到某一国家的贸易产品技术结构有无影响以及影响程度。

（2）$OFDIWS_t$ 表示日本对世界（此处指全部东道国）直接投资的年度存量。引入该变量的主要目的是，和日本对世界直接投资年度流量数据形成对比，从日本对外直接投资整体角度来分析。二者对比分析可以得出，国际生产网络是通过有目的的对外直接投资行为在短期内构建而成的，还是在长期内作为对外直接投资行为的累积结果自发形成的。

（3）$exchange_t$ 表示日元汇率。从日本对外直接投资概况来看，日本对外直接投资的发展，在很大程度上受日元升值影响。在此，把日元汇率作为控制变量，在考虑了日元汇率因素的基础上，分析其他因素对日本出口贸易产品技术结构的影响，可以排除日元汇率产生的偏差。

3. 空间权重矩阵的处理

本节采用空间计量经济学中的空间面板回归方法，本节中的权重矩阵不是基于横截面数据的 N×N 矩阵，而是 NT×NT 的矩阵。因为本章使用地理距离计算空间权重矩阵，而地理距离具有时间不变性，所以，本章空间权重矩阵是横截面权重矩阵的面板形式。

关于空间权重矩阵的处理方法，本章参考何兴强和王利霞（2008）、布朗尼根等（2007）的处理方法，不采用二元邻接矩阵的方法建立空间权重等矩阵，而采用距离衰减函数建立空间权重矩阵。建立空间权重矩阵的公式如下：

$$W = \begin{bmatrix} 0 & w_{ij} & w_{ik} \\ w_{ji} & 0 & w_{jk} \\ w_{ki} & w_{kj} & 0 \end{bmatrix}$$

w_{ij}是国家 i 和国家 j 之间的距离 d_{ij}，根据距离衰减函数确定的权重，在本章中，d_{ij}表示 i 国首都和 j 国首都之间的距离，该距离根据两国首都的经纬度距离计算而得。

$$w_{ij}^* = 0 \qquad 如果\ i = j$$
$$w_{ij}^* = \frac{1}{d_{ij}} \qquad 如果\ i \neq j$$

由 w_{ij}^* 进行标准化得到 w_{ij}，从而得到标准化的空间权重矩阵。再基于横截面的空间权重矩阵生成面板的空间权重矩阵，反映样本时间段内各区域之间的空间联系。

$$\begin{bmatrix} W_{2001} & 0 & 0 \\ 0 & g & 0 \\ 0 & 0 & W_{2012} \end{bmatrix}$$

W_{2001}，…，W_{2012}分别表示2001~2012年22个国家间的空间权重矩阵。基于经纬度距离计算的空间权重矩阵具有时间不变性，因而，$W_{2001} = \cdots = W_{2012}$。

本章的空间权重矩阵具有的特征为：W_{ij}是已知的常数，W_{ij}的所有对角元素为零，W_{ij}的特征根已知。

（四）样本数据以及分组

样本中包括的国家有：澳大利亚、比利时、巴西、加拿大、中国、法国、德国、印度尼西亚、意大利、韩国、卢森堡、马来西亚、墨西哥、荷兰、菲律宾、越南、印度、新加坡、西班牙、瑞典、瑞士、英国、美国。这22个国家是根据日本财务省对外直接投资的数据，按照数量大小进行排序，得出的与日本具有密切投资关系的22个国家。

鲍德温和大久保（2012）根据微观企业层面的供应—采购关系研究日本对外直接投资特征时，指出日本在欧洲地区、亚洲地区、美国及其周边地区的投资具有不同特征。同时，基于本书数据描述部分，对日本对外直接投资特征的分析，对样本国家进行分组。按照样本国家所处区域不同，将样本国家分为三组：亚洲地区、欧洲地区、美国及其周边地区。具体分为以下三组。

（1）亚洲地区。包括中国、印度尼西亚、韩国、马来西亚、越南、泰国、菲律宾、印度和新加坡。

（2）欧洲地区。包括法国、德国、意大利、比利时、卢森堡、荷兰、西班牙、瑞典、瑞士和英国。

（3）美国及其周边地区。包括美国、加拿大、巴西和墨西哥。

三、实证检验及实证结果

本节根据日本对外直接投资的各东道国之间的距离，采用 Stata 12.0 软件的空间计量模块计算空间权重矩阵；使用 Stata 12.0 软件，采用固定效应最大似然估计法，对空间面板数据模型进行估计；同时，计算了普通面板回归数据，用来对比考虑空间因素对实证结果的影响。

（一）所有国家（地区）整体实证分析结果

本书在回归分析时采用了普通面板回归方法和空间滞后回归方法，对全部样本（时间范围为 2001~2011 年，22 个国家）进行回归分析，关于样本的统计性描述，见表 6-1；所有国家全部样本的回归结果，见表 6-2。

表 6-1　　　　　　　　关于样本的统计性描述

项目	均值	最大值	最小值	标准差	偏差
贸易产品技术结构指数	14183.73	21718.91	6530.384	2926.036	0.206295
对外直接投资流量（亿日元）	2054.735	44674	-2603	3890.665	1.893512
对外直接投资存量（亿日元）	18559.49	213708	779	36864.93	1.986312
东道国 GDP（美元）	1.44E+12	1.55E+13	2.02E+10	2.66E+12	1.848546
东道国人均 GDP（美元）	26271.95	112028.5	448.8794	22107.75	0.841496

续表

项目	均值	最大值	最小值	标准差	偏差
对外直接投资世界存量（亿日元）	530867.7	748280	359324	137968.8	0.259893
对外直接投资世界流量（亿日元）	60986.73	130801	28767	31909.31	0.523217
日元汇率（美元/1000日元）	9.595529	12.65582	7.993765	1.439705	0.150039

资料来源：贸易产品技术结构指数，根据联合国商品贸易统计数据库 SITC Rev.2 三分位数的数据和世界银行世界各国人均 GDP 数据计算整理而得；对外直接投资流量数据和对外直接投资存量数据来自日本财务省对外直接投资数据；日元汇率数据来自日本银行，采用年度平均值。

表 6-2　　　　　所有国家（地区）全部样本的回归结果

变量	普通面板模型回归	空间滞后模型回归
lgdp	0.412* (0.236)	-0.0141 (0.0151)
lpergdp	-0.177 (0.248)	0.0638*** (0.0138)
lofdistock	0.0377** (0.0185)	0.0503*** (0.0111)
lofdiflow	-0.00404 (0.00290)	-0.00252 (0.00211)
lwfdis	-0.00328 (0.0521)	-0.0201 (0.0370)
lwfdif	0.118*** (0.0206)	0.0418*** (0.0159)
huilv	0.0202*** (0.00529)	0.00813** (0.00392)
rho		0.701*** (0.0435)

续表

变量	普通面板模型回归	空间滞后模型回归
lgt_theta		-1.624***
		(0.201)
sigma_e		0.00291***
		(0.000269)
Constant	-1.693	1.914***
	(3.898)	(0.427)
R-squared	0.854	0.714

注：***、**、*分别表示在1%、5%和10%的水平上显著。
资料来源：贸易产品技术结构指数根据联合国商品贸易统计数据库 SITC Rev.2 三分位数的数据和世界银行世界各国人均 GDP 数据整理计算而得；对外直接投资流量数据和对外直接投资存量数据，来自日本财务省对外直接投资数据；日元汇率数据来自日本银行，采用年度平均值。

从回归结果可以得出以下五点结论。

（1）空间面板回归的空间显著性系数 rho 为 0.701，在 1% 的水平上显著，表明空间面板模型符合对数据的估计。

（2）对比普通面板数据回归结果和空间面板数据回归结果可以发现，日本对某一国家的直接投资存量对贸易产品技术结构调整具有促进作用，在考虑了对外直接投资的空间相关性后，对外直接投资存量对贸易产品技术结构调整的系数更高，相对于普通面板回归结果，其系数要高 0.0126，促进作用高出普通面板回归结果 33%，[①] 促进作用更大。从总体回归结果看，在考虑空间相关性之后，日本对某一国家的直接投资存量每增加 1%，日本出口贸易产品技术结构指数提高 5.03%，并且在 1% 的水平上显著。

（3）对外直接投资流量对贸易产品技术结构调整的系数为 -0.00404，并且在 10% 的水平上不显著，这表明，对外直接投资流量对贸易产品技术结构调整的作用不显著。

（4）在考虑了空间因素之后，东道国人均 GDP 的回归系数为 0.0638，并且在 1% 的水平上显著，东道国的总量 GDP 回归系数为

---

① 计算方法为：（空间面板回归系数－普通面板回归系数）/普通面板回归系数×100。

-0.0141，在10%的水平上不显著。表明东道国的GDP总量对出口贸易产品技术结构影响不显著，对出口贸易产品技术结构调整起作用的更多是东道国的人均GDP，即东道国的经济发展水平。东道国经济发展水平提高，可以促进母国出口贸易产品技术结构升级。

（5）在考虑空间因素之后，日本对世界的全部直接投资流量对日本出口贸易产品技术结构的系数为0.0418，在1%的水平上显著。日本对世界全部直接投资存量对日本出口贸易产品技术结构的系数为-0.0201，在10%的水平上不显著。

（二）亚洲地区的实证结果

1. 统计性描述

亚洲地区样本的统计性描述结果，见表6-3。

表6-3　　　　　　亚洲地区样本的统计性描述结果

项目	mean	max	min	sd	cv
贸易产品技术结构指数	13561.65	20445.37	6530.384	2951.733	0.217653
对外直接投资流量（亿日元）	1661.718	12649	-504	2061.619	1.240655
对外直接投资存量（亿日元）	11391.87	64677	991.5849	11011.56	0.966615
东道国GDP（美元）	6.66E+11	7.32E+12	3.53E+10	1.16E+12	1.744455
东道国人均GDP（美元）	9548.685	47268.23	448.8794	11962.79	1.252821
对世界（此处指全部东道国）的对外直接投资存量（亿日元）	530867.7	748280	359324	138348	0.260607
对世界（此处指全部东道国）的对外直接投资流量（亿日元）	60986.73	130801	28767	31997.01	0.524655
日元汇率（美元/1000日元）	9.595529	12.65582	7.993765	1.443662	0.150452

资料来源：贸易产品技术结构指数根据联合国商品贸易统计数据库SITC Rev.2三分位数的数据和世界银行世界各国人均GDP数据计算整理而得；对外直接投资流量数据和对外直接投资存量数据来自日本财务省对外直接投资数据；日元汇率数据来自日本银行，采用年度平均值。

2. 回归结果

亚洲地区样本的回归结果，见表6-4。

表6-4　　　　　　　　亚洲地区样本的回归结果

变量	普通面板模型回归结果	空间滞后模型回归结果
lgdp	0.888 ***	0.0143
	(0.286)	(0.0233)
lpergdp	-0.703 **	0.0780 ***
	(0.300)	(0.0204)
lofdistock	0.104 ***	0.0798 ***
	(0.0367)	(0.0205)
lofdiflow	-0.0137	-0.00547
	(0.0115)	(0.00413)
lwfdis	-0.0214	-0.0774
	(0.0876)	(0.0556)
lwfdif	0.114 ***	0.0358 *
	(0.0297)	(0.0204)
huilv	0.00256	0.000282
	(0.00822)	(0.00524)
rho		0.701 ***
		(0.0574)
lgt_theta		-1.796 ***
		(0.290)
sigma_e		0.00200 ***
		(0.000292)
Constant	-10.05 **	1.749 ***
	(4.892)	(0.576)
Observations	107	110
R-squared	0.893	0.811

注：*** 、** 、* 分别表示在1%、5%和10%的水平上显著。

资料来源：贸易产品技术结构指数根据联合国商品贸易统计数据库 SITC Rev.2 三分位数的数据和世界银行世界各国人均 GDP 数据计算整理而得；对外直接投资流量数据和对外直接投资存量数据来自日本财务省对外直接投资数据；日元汇率数据来自日本银行，采用年度平均值。

通过表6-3、表6-4得出以下五点结论。

(1) 空间面板回归的空间显著性系数为0.701，其结果为在1%的水平上显著，表明空间面板模型符合对数据的估计。

(2) 对比普通面板数据回归结果和空间面板数据回归结果可以发现，日本对亚洲国家的直接投资存量对贸易产品技术结构调整具有比总体更强的促进作用。从总体回归结果看，在考虑空间相关性之后，日本对某一国家对外直接投资存量每增加1%，日本出口贸易产品技术结构指数提高7.98%，并且，在1%的水平上显著。

(3) 日本对亚洲国家的对外直接投资流量对贸易产品技术结构调整的系数为-0.00547，是接近于零的负数，在10%的水平上不显著。表明日本对亚洲国家的对外直接投资流量对贸易产品技术结构调整的作用不显著。

(4) 在考虑了空间因素之后，东道国人均GDP的回归系数为0.078，并且在1%的水平上显著，东道国总量GDP的回归系数为0.0143，在10%的水平上不显著。表明东道国的总量GDP对出口贸易产品技术结构的影响不显著，对出口贸易产品技术结构影响更显著的是东道国人均GDP，即东道国的经济发展水平。

(5) 在考虑空间因素之后，日本对亚洲地区的全部对外直接投资流量对日本出口贸易产品技术结构的系数为0.0358，在1%的水平上显著。日本对亚洲地区的全部直接投资存量对日本出口贸易产品技术结构的系数为-0.0774，不具有统计学显著性，在10%的水平上不显著。

(三) 欧洲地区的实证分析结果

1. 描述性统计

欧洲地区的描述性统计结果，见表6-5。

表6-5　　　　　　　　欧洲地区的描述性统计结果

变量	mean	max	min	sd	cv
贸易产品技术结构指数	15113.32	20689.29	9961.832	2635.217	0.174364
对外直接投资流量（亿日元）	1458.655	14125	-623	2673.188	1.83264

续表

变量	mean	max	min	sd	cv
对外直接投资存量（亿日元）	12349.09	72330	779	16816.48	1.361758
东道国 GDP（美元）	1.23E+12	3.62E+12	2.02E+10	1.00E+12	0.81518
东道国人均 GDP（美元）	42656.96	112028.5	14952.09	19482.28	0.45672
对世界（此处指全部东道国）的对外直接投资存量（亿日元）	530867.7	748280	359324	138348	0.260607
对世界（此处指全部东道国）的对外直接投资流量（亿日元）	60986.73	130801	28767	31997.01	0.524655
日元汇率（美元/1000 日元）	9.595529	12.65582	7.993765	1.443662	0.150452

资料来源：贸易产品技术结构指数根据联合国商品贸易统计数据库 SITC Rev. 2 三分位数的数据和世界银行世界各国人均 GDP 数据计算整理而得；对外直接投资流量数据和对外直接投资存量数据来自日本财务省对外直接投资数据；日元汇率数据来自日本银行，采用年度平均值。

2. 回归结果

欧洲地区的回归结果，见表 6-6。

表 6-6　　　　　　　　欧洲地区的回归结果

变量	普通面板模型回归结果	空间滞后模型回归结果
lgdp	0.253	-0.0159
	(0.411)	(0.0176)
lpergdp	0.0696	0.129 ***
	(0.429)	(0.0367)
lofdistock	0.0173	0.0249 **
	(0.0211)	(0.0123)
lofdiflow	-0.00416	-0.00312
	(0.00314)	(0.00224)

续表

变量	普通面板模型回归结果	空间滞后模型回归结果
lwfdis	-0.0912	-0.0637
	(0.0657)	(0.0466)
lwfdif	0.116***	0.0475**
	(0.0272)	(0.0212)
huilv	0.0273***	0.0107**
	(0.00693)	(0.00520)
rho		0.647***
		(0.0748)
lgt_theta		-1.516***
		(0.291)
sigma_e		0.00188***
		(0.000274)
Constant	1.520	2.479***
	(6.522)	(0.583)
Observations	110	110
R-squared	0.873	0.772

注：***、**、*分别表示在1%、5%和10%的水平上显著。

资料来源：贸易产品技术结构指数根据联合国商品贸易统计数据库 SITC Rev.2 三分位数的数据和世界银行世界各国人均 GDP 数据计算整理而得；对外直接投资流量数据和对外直接投资存量数据来自日本财务省对外直接投资数据；日元汇率数据来自日本银行，采用年度平均值。

通过表6-5、表6-6可以得出以下五点结论。

(1) 空间面板回归的空间显著性系数为0.00647，在1%的水平上显著，表明空间面板模型符合对数据的估计。

(2) 对比普通面板数据回归结果和空间面板数据回归结果可以发现，日本对欧洲地区的直接投资存量每增加1%，日本出口贸易产品技术结构提高2.49%，并且，在5%的水平上显著。

(3) 日本对欧洲地区的直接投资流量对贸易产品技术结构的回归

系数为-0.00312，在10%的水平上不显著。这表明，对外直接投资流量对贸易技术结构调整作用不显著。

（4）在考虑了空间因素之后，东道国的人均GDP的回归系数为0.129，并且在1%的水平上显著，东道国的GDP总量系数为-0.0159，在10%的水平上不显著。这表明，对出口贸易产品技术结构调整起作用更多的是东道国人均GDP，即东道国的经济发展水平。东道国经济发展水平提高，可以促进母国出口贸易产品技术结构升级。

（5）在考虑空间因素之后，日本对欧洲地区的全部直接投资流量对日本出口贸易产品技术结构的系数为0.0475，在1%的水平上显著。日本对欧洲地区的全部直接投资存量对日本出口贸易产品技术结构的系数为-0.0637，在10%的水平上不显著。

（四）美国及其周边地区

1. 描述性统计

美国及其周边地区的描述性统计结果，见表6-7。

表6-7　　　　　美国及其周边地区的描述性统计结果

变量	mean	max	min	sd	cv
贸易产品技术结构指数	13598.17	18702.53	8150.479	2601.225	0.191292
对外直接投资流量（亿日元）	4212.659	44674	-2603	7684.899	1.824239
对外直接投资存量（亿日元）	51828.34	213708	1582	79058.69	1.525395
东道国GDP（美元）	4.17E+12	1.55E+13	5.04E+11	5.42E+12	1.30086
东道国人均GDP（美元）	23967.25	51554.06	2810.695	17947.5	0.748834
对世界（此处指全部东道国）的对外直接投资存量（亿日元）	530867.7	748280	359324	139309.9	0.262419

续表

变量	mean	max	min	sd	cv
对世界（此处指全部东道国）的对外直接投资流量（亿日元）	60986.73	130801	28767	32219.47	0.528303
日元汇率（美元/1000日元）	9.595529	12.65582	7.993765	1.4537	0.151498

资料来源：贸易产品技术结构指数根据联合国商品贸易统计数据库 SITC Rev.2 三分位数的数据和世界银行世界各国人均 GDP 数据计算整理而得；对外直接投资流量数据和对外直接投资存量数据来自日本财务省对外直接投资数据；日元汇率数据来自日本银行，采用年度平均值。

2. 回归结果

美国及其周边地区的回归结果，见表 6-8。

表 6-8　　　　　　美国及其周边地区的回归结果

变量	普通面板模型回归结果	空间滞后模型回归结果
lgdp	2.618 **	0.0721 ***
	(1.282)	(0.0172)
lpergdp	-2.314 *	0.133 ***
	(1.333)	(0.00787)
lofdistock	-0.0547	-0.0643 ***
	(0.0505)	(0.0121)
lofdiflow	0.00408	0.00322
	(0.00481)	(0.00290)
lwfdis	-0.194	0.00968
	(0.145)	(0.0541)
lwfdif	0.118 ***	0.0191
	(0.0416)	(0.0253)
huilv	0.00178	0.00774
	(0.0136)	(0.00596)
rho		0.653 ***
		(0.0722)

续表

变量	普通面板模型回归结果	空间滞后模型回归结果
lgt_theta		15.65
		(1.361)
sigma_e		0.00110***
		(0.000250)
Constant	-40.42*	0.127
	(22.25)	(0.619)
Observations	44	44
R-squared	0.926	0.953

注：***、**、*分别表示在1%、5%和10%的水平上显著。

资料来源：贸易产品技术结构指数根据联合国商品贸易统计数据库 SITC Rev.2 三分位数的数据和世界银行各国人均 GDP 数据计算整理而得；对外直接投资流量数据和对外直接投资存量数据来自日本财务省对外直接投资数据；日元汇率数据来自日本银行，采用年度平均值。

通过表6-7、表6-8得出以下五点结论。

（1）空间面板回归的空间显著性系数为0.653，在1%的水平上显著，表明空间面板模型符合对数据的估计。

（2）对比普通面板数据回归结果和空间面板数据回归结果可以发现，日本对美国及其周边地区直接投资存量每增加1%，日本出口贸易技术结构下降6.43%，并且，在1%的水平上显著。

（3）日本对美国及其周边地区直接投资流量对贸易产品技术结构的回归系数为0.00322，在10%的水平上不显著。这表明，对外直接投资流量对贸易技术结构调整作用不显著。

（4）在考虑了空间因素之后，东道国的人均 GDP 的回归系数为0.133，并且在1%的水平上显著，东道国的 GDP 总量系数为0.0721，并且在1%的水平上显著。这表明，美国及其周边地区的 GDP 总量和人均 GDP，对日本出口贸易产品技术结构调整均起到重要的促进作用。

（5）在考虑空间因素之后，日本对美国及其周边地区的全部对外直接投资流量和全部对外直接投资存量对日本对于美国及其周边地区的出口贸易产品技术结构的系数分别为0.0191和0.00968，在10%的水平上不显著。

四、实证结果分析

(一) 资本和创新的循环累积因果关系

从全部样本的回归结果以及分区域的回归结果来看,日本对东道国直接投资的存量促进出口贸易产品技术结构调整,对外直接投资流量与出口贸易产品技术结构调整不具有显著的因果关系。对东道国对外直接投资存量而非对外直接投资流量对贸易产品技术结构调整具有促进作用,反映了对外直接投资促进贸易产品技术结构调整的循环累积因果关系。根据本章利用新经济地理学理论进行的分析,对外直接投资存在降低资本创造成本和提高产品生产效率两种循环累积因果关系。

根据本章的理论分析,资本创造成本依赖于资本积累状况。对日本而言,对东道国直接投资存量的增加,可以在东道国实现直接投资的经营利润,增大包括母国资本和东道国资本在内的全部资本存量。资本存量增加,母国资本积累越多,新部门生产成本越低,资本的创造动力越强。通过这一循环累积机制,可以促进母国经济结构性升级,从而带动出口贸易产品技术结构升级。对外直接投资流量反映的更多是母国和东道国之间资本流动的短期关系,而包括贸易产品技术结构在内的经济结构性调整是长期性问题,因此,对外直接投资流量对贸易产品技术结构不存在统计学意义上的因果关系。

(二) 东道国市场力量对贸易产品技术结构的影响

从全部样本的回归结果以及分区域样本的回归结果来看,东道国的人均 GDP 对日本的出口贸易产品技术结构有显著为正的影响。东道国的人均 GDP 代表该东道国的市场结构,东道国的 GDP 总量代表该东道国的市场容量。这一结果表明,东道国经济发展水平的提高,对母国的出口贸易产品技术结构具有正面影响。

从分区域样本的回归结果来看,这一影响在美国及其周边地区和欧洲地区最高,在亚洲地区相对较低。这表明,在美国及其周边地区和欧洲地区,东道国的市场结构是促进母国出口贸易产品技术结构升级的重要力量。换而言之，日本在美国及其周边地区和欧洲地区的直接投资，更加侧重于利用当地的市场力量。亚洲地区的回归系数相对于美国及其周边地区和欧洲地区较低，但高于总体回归水平。这表明，亚洲地区东道国的市场结构，已经成为促进日本出口贸易技术结构升级的力量。东道国市场结构的提高，对日本出口贸易产品技术结构也形成一种升级压力。东道国市场结构的提高，要求日本实现出口贸易产品技术结构升级，如果日本不能相应实现出口贸易产品技术结构的升级，在贸易模式上就会呈现出动态衰退的趋势。这与本书第三章所分析的日本贸易产品技术结构的动态演变趋势相吻合。

（三）日本对外直接投资的集聚与贸易产品技术结构升级

日本对世界全部直接投资的流量，代表日本对外直接投资趋势。从全部样本回归结果以及分区域样本回归结果来看，对外直接投资的趋势性增加，对日本贸易产品技术结构调整具有促进作用。从本书的文献分析来看，2000年之后，日本对外直接投资的重要特征是构筑了全球生产网络。在分工深化到产品内的背景下，日本积极进行对外直接投资，以期降低国内外经济环境造成的压力、最大化自身利益。对某一东道国的直接投资，可以看作其为构筑全球生产网络而进行投资的一部分。对外直接投资总量可以作为构筑全球生产网络投资的衡量指标，该指标衡量对外直接投资的网络效应。从统计结果来看，全部样本以及亚洲地区和欧洲地区对外直接投资的网络效应显著为正。

这一结果表明，日本在亚洲地区和欧洲地区的对外直接投资促进了日本出口贸易产品技术结构调整。在美国及其周边地区，这一系数不具有统计学意义上的显著性，表明日本着重在亚洲地区和欧洲地区构筑跨国生产网络。在美国及其周边地区，对贸易产品技术结构影响最显著的因素是GDP和人均GDP。这表明，日本对美国及其周边地区的直接投资主要着眼于这一地区的市场力量。

五、对中国的启示

日本对外直接投资与贸易产品技术结构调整的经验研究，给中国以下三方面的启示意义。

（1）通过对外直接投资构建跨国生产网络，有助于实现经济结构的构建式升级。

（2）根据东道国和母国在不同生产要素上资源禀赋方面的差异，进行选择性投资。一方面，可以利用东道国的低劳动成本、低资源成本等禀赋优势，将母国不具有比较优势的产业转移到东道国，扩大母国在此类商品生产上的竞争优势；另一方面，可以利用东道国在知识和创新资本方面的禀赋优势，投资于母国不具有比较优势的产业，提高该产业的资本存量，降低该产业的创新成本，促进母国创新产业的发展，促进母国经济结构调整。

（3）重视母国经济结构的内生性升级压力。从区域经济角度来看，对外直接投资可以促进东道国经济发展水平提高，会改变东道国的比较优势，使得东道国在原本不具有比较优势的产业上具有比较优势。此时，如果母国经济结构升级速度低于东道国经济结构调整速度，母国贸易模式就会处于动态衰退状态。其结果是，可能在短期、静态意义上，母国仍具有相对于东道国的优势，但该优势将会逐步缩小，在长期内，会造成母国贸易模式恶化。这与本书第四章对日本贸易模式的分析结论相吻合。

第七章

结论与政策建议

第一节 本书主要结论

对外产业转移作为一种经济现象引起公众和学者关注,关于对外产业转移对母国经济影响的问题一直处于政策辩论的中心。关于对外产业转移的经济影响,一直众说纷纭。有学者认为,对外产业转移促进了东道国经济发展,以日本为例,"雁行模式"产业转移带动了"东亚四小龙"的发展,对东亚经济圈繁荣以及东亚奇迹出现有巨大的促进作用。还有一种观点是,对外产业转移造成了母国产业空心化问题,以日本为例,日本严重的产业空心化问题是对外产业转移引起的。不同学者从不同角度,运用宏观层面、中观层面以及微观层面的数据,对于日本产业转移对日本经济的影响进行了各种实证检验。

从 20 世纪 80 年代开始,国内经济环境的改变使得日本开始了大规模对外产业转移活动。作为中国的重要邻国,日本经济和中国经济有很大相似性,以日本长期对外产业转移活动为对象,研究对外产业转移对母国经济结构的影响,对中国而言,有助于把握"走出去"的战略方向。

产业转移是国际分工的重要实现途径。随着技术发展,国际分工水平也逐渐从产业间、产业内深化到产品内,作为国际分工的重要实现途径,产业转移也从产业间、产业内的产业转移发展为价值链片段或价值链环节的转移。在产品内分工条件下,传统的关于贸易产品技术结构的衡量指标,难以反映不同技术构成的贸易产品在国际分工中的真实地位。如不同类别贸易产品贸易额的比值已经不能反映贸易产品复杂的技术构成，比较优势指数的计算方法基于产品内分工条件下贸易产品附加值的不同，净出口指数和产业内贸易指数主要基于贸易平衡角度考察一国贸易产品结构。本书采用罗德里克（2007）和豪斯曼（2007）将贸易产品附加值的技术复杂度指数，作为衡量贸易产品技术结构的基本指标，该指标已经被广泛应用于衡量贸易产品技术结构。

本书较为系统地分析了1976年以后日本贸易产品技术结构的演变趋势，实证检验了对外产业转移对贸易产品技术结构的影响，并且，基于日本对外产业转移在产品内分工条件下的新特征，对日本产业转移影响贸易产品技术结构的机制进行理论模型分析和实证检验。本书得到的主要结论有以下三点。

（1）本书利用贸易产品技术结构指数和净出口能力指数从贸易产品技术结构和贸易平衡的二维角度，定义了日本贸易模式的动态特征和静态特征。实证检验发现，就贸易产品技术结构的静态特征来看，2011年，日本处于绝对优势地位的贸易产品贡献了3/4的出口总量，日本贸易产品在静态上处于优势地位，但处于绝对静态优势地位的贸易产品只占日本贸易产品种类数量构成的17.5%。同时，从动态特征来看，1976~2011年，17.5%的贸易产品完成贸易产品技术结构升级，38.71%的贸易产品动态衰退，1997年之后，日本的贸易产品技术结构升级速度小于动态衰退速度，日本贸易模式呈现恶化趋势。2011年，日本贸易产品技术结构几乎到达静态优势地位的转折点，未来日本将面对更加严峻的贸易形势。

（2）对外产业转移的实质，是通过资本要素流动优化资源配置实现母国经济结构调整。本书采用制造业对外直接投资的数据，实证检验了日本对外产业转移对日本贸易产品技术结构的影响。使用面板数据回归的方法，对1976~2011年日本制造业不同产业的对外直接投资和贸易产品技术结构指数数据进行分析。在进行回归分析时，根据不同产业商品附加值水平的高低，将对外直接投资的产业分为高技术水平产业、中技术水平产业、低技术水平产业，进行分组回归。回归结果表明，日本对外直接投资促进了贸易产品技术结构升级，在中高技术水平产业尤为明显。

（3）跨国公司主导的价值链片段或价值链环节的产业转移分布于资源禀赋不同的国家，其直接结果就是形成国际生产网络。国际生产网络是产品内分工深化条件下国际分工模式的根本特征。经验研究表明，以对外直接投资的方式将生产布局于不同东道国（地区），构建国际生产网络，实现资源禀赋的最优配置是日本对外产业转移的根本特征。本书基于新经济地理学的自由资本垂直流动模型，构建了非对称的两国、三部门、两要素模型，劳动力在两国之间不能自由流动，资本在不同制造业生产部门不能自由流动，在两国相同产业部门间可以自由流动，资本积累具有循环累积作用，既能够降低生产成本，又能够促进创新。对外直接投资可以通过资源优化配置效应、资本和创新的循环累积因果关系以及跨区域的集聚经济性，促进母国贸易产品技术结构升级。

本书运用空间面板回归模型对该理论机制进行了实证检验，实证结果有以下三点。

（1）日本对世界（此处指全部东道国）直接投资年度总流量对于其贸易产品技术结构调整起到显著的促进作用。根据东道国资源禀赋的不同以及与其周边国家的空间相关性进行生产工序布局或生产环节布局，对不同国家的不同生产工序布局或生产环节布局，在空间上相互依赖、纵横交错而形成的国际生产网络。在产品内分工条件下，对世界制造业直接投资的总量，可以反映以构建国际生产网络为目的的产业转移的数量趋势。

（2）具体到某一东道国，促进日本对该国出口贸易产品技术结构升级的因素是对该国直接投资的存量。在空间面板模型中，与空间权重矩阵相乘的是对某一东道国直接投资存量的系数，对某一东道国出口贸易产品技术结构调整产生影响的是对外直接投资存量产生的区域集聚性。这一实证结果表明，对外直接投资的区域集聚性产生于对外直接投资存量的集聚性，这和经验研究相符，也与本书的理论分析结论相一致。

（3）日本出口到某一东道国的贸易产品技术结构水平，与该东道国的经济发展水平成正比。当东道国经济发展水平提高时，客观上要求出口到该东道国的产品具有更高的技术水平。这主要是两方面的原因，一是东道国经济发展水平提高，技术水平较低的产品或技术水平中等的产品，东道国可以自行生产；二是东道国经济发展水平提高，同时，东道国消费水平提高，需要进口更高技术水平的产品进行消费或者投入生产。随着东道国经济发展水平提高，要求出口到该国贸易产品的技术结构相应提高。如果日本国内经济结构升级速度低于东道国经济发展要求的贸易产品技术结构升级速度，就会造成母国贸易产品技术结构动态衰退。这也和本书第三章分析的日本贸易模式动态衰退的特征相吻合。

第二节　政策及建议

从20世纪80年代开始，中国一直处于对外产业转移的承接国地位。关于对外产业转移，中国国内的研究重点一直在于，如何通过吸收以直接投资方式进行的产业转移来促进中国国内经济发展以及生产结构转型。随着中国经济长达20多年的高速增长，从发展趋势上看，中国已经发展到从资金等要素单向流动到双向流动的阶段，中国经济已经发展到"走出去"的阶段。

过去的政策以及研究重点在于，如何通过FDI的溢出效应带动中国经济发展，促进中国经济结构升级。从国际经验来看，在全球价值链中，处于主导地位的仍然是发达国家的跨国公司，发达国家转移或者外包的是非核心业务，处于主导地位的跨国公司为了保证长期经济利益会采取各种措施防止技术外溢，确保自身在核心技术上的垄断性优势。发展中国家很难冲破"瀑布效应"。未来在"走出去"的阶段，中国应该着重在以下三方面加强努力。

一、对外产业转移战略部署

对外产业转移对中国政府及企业而言都是一个新兴领域，无论是从政府的政策指引、支持还是从企业核心竞争优势、管理的规范化程度以及企业间的协作关系方面，与发达国家的政府和企业都存在较大差距。中国要实现有利于母国经济结构升级的对外产业转移，应该借鉴日本的经验，制定合理的对外产业转移政策。

（一）正确引导生产替代型转移

对于部分处于国际生产网络中的低端制造业企业而言，随着中国经济发展水平的提高，人力资源成本、企业经营管理成本相应提高。中国国内生产成本提高，使以价格竞争为主的低端制造业不再具有比较优势。应积极引导这些企业，将生产转移到能够维持产品比较优势的国家或者区域，保持在国际供给链中和上游企业的供应—采购关系，获得生产利润，维持企业生产经营活动正常进行。

目前，中国国内某些低端制造业，受到人力资源成本上升以及人民币升值等因素的影响，生产经营成本大幅上升。而这些企业的产品以价格竞争为主，生产经营成本上升严重挤压其利润空间，使生产经营活动难以为继。对企业而言，通过产业转移能够保持原有比较优势，同时，实现正常生产利润，可以通过利润回流渠道、资本循环累积作用，促进母国经济结构调整与升级。

（二）积极推进价值链延伸型对外直接投资

具有比较优势的中高端制造业企业，在国际市场上具有一定竞争优势，但在全球价值链体系中处于中间地位，这些企业通过和发达国家跨国公司建立供应—采购关系而被纳入国际生产网络。应积极引导这些企业通过对外直接投资进入发达国家具有高生产技术水平的制造业，通过提升较高技术水平制造业部门的资本存量并提高知识存量，促进母国这些部门技术水平及创新水平的发展，实现国内生产结构向更高技术水平产品的转型升级。

禀赋不同使得不同国家资本的价格也有较大差异。从现实情况来看，不同技术水平部门的资本不能完全流动，资本在技术水平不同的部门间具有一定专用性。通过对高技术水平生产部门的直接投资，可以增加母国这些部门的资本存量和知识存量，促进高技术水平生产部门技术提升和创新发展，从而推动母国经济结构转型和升级。

（三）完善中国价值链体系，提高中国国际分工地位

中国国内的价值链体系一部分与全球价值链实现了对接，一部分属于中国国内价值链体系。与全球价值链对接的部分企业，在管理的规范化程度、生产的国际化程度方面具有较大优势。应引导处于中国国内价值链体系的部分企业和已完成全球价值链对接的企业加强生产的关联

性，完善并构建完整的中国价值链体系。

二、政府行为相关政策建议

（一）积极引导企业对外产业转移行为

企业的对外产业转移需要面对很多源自东道国的外部风险，如东道国法律、环境、政策、生产经营环境等的风险，母国政府应进行积极引导。以日本为例，日本有专门的贸易振兴机构对企业对外直接投资和贸易事宜提供引导性咨询，并对日本对外直接投资企业的生产经营情况进行调研，日本的政策性银行也会定期对日本对外直接投资企业进行问卷调研，并定期发布报告，报告企业对外产业转移的趋向性特征以及生产经营情况，以供企业参考。中国应该借鉴日本的相关经验，成立专门部门对企业的对外直接投资行为进行引导性咨询，降低企业生产经营风险，提高企业对外直接投资成功率。

（二）为对外产业转移企业提供政策性支持

对外直接投资涉及资金的跨国转移、审批等多种复杂手续，政府应该设立专门部门，负责对外直接投资企业的政策性协调事务，为企业对外直接投资行为的顺利进行提供政策性支持。

三、企业行为相关政策建议

（一）加强企业间合作

日本企业对外直接投资的重要特征，是企业间通过供应—采购关系构建国际生产网络，完成母国价值链的完善和延长，在国际范围内实现资源的最优配置。

在中国国内要加强企业间合作，完善并延长国内的价值链。在开放经济条件下，目前，中国国内的价值链体系有一部分被纳入国际生产网络，属于全球价值链体系的一部分。企业生产被纳入国际生产网络的国内企业集团，应鼓励其加强与供应链上的跨国公司联系，加强资产专用性投资，通过提高产品技术水平和服务水平做好与跨国公司需求的对接，利用自身的发展争取更多地融入国际生产网络，完善并延长中国的价值链，提高中国在全球价值链体系中的地位。此外，应鼓励这部分企业加强与全球价值链体系内国内厂商的合作，完善中国国内价值链体系。

（二）培育典型成功的对外直接投资企业

从经济现实情况看，目前中国已经有华为、联想、中兴等企业集团成功地"走出去"。对外直接投资是企业行为，同时也需要政府的战略性引导。利用对外直接投资构建符合中国国家利益的跨国生产网络，需要政府培育典型的成功对外直接投资企业，对其他企业起到引导性作用。

一方面，在中国不具备比较优势的企业中，培育典型成功的对外直接投资企业，使其进行生产转移，维持产品生产利润率，并通过资本的循环累积作用，加强国内资本积累，促进企业在国内产品或资本生产上的创新；另一方面，在中国具备比较优势的企业中，鼓励其对较高资本或技术密集型产业进行投资。对这类企业的投资，会为中国提供进入该类产品生产的机会，同时，在这类产品上资本稀缺，对其生产上的投资，将会增加中国在该类产品生产上的资本积累，降低中国在较高技术密集型产品生产上的生产成本或创新成本，促进经济结构升级。

（三）提高对外直接投资在企业间的集聚经济性

在通过对外直接投资构建国际生产网络时，注意提高对外直接投资的集聚经济性。在产品内分工条件下，同一生产网络中价值链的不同生产片段或生产环节都处于同一供给链体系中。生产网络中某一生产环节企业的对外直接投资，会刺激供应链中其他生产企业的对外直接投资，不同企业的对外直接投资通过供应链形成国际生产网络。在全球化条件下，对外直接投资是企业出于利润最大化的目的，综合考虑国内外经济条件所做出的战略性投资行为。企业在通过对外直接投资"走出去"的过程中，要利用与其他企业的协作关系，活用东道国区域性投资贸易协定，通过提高对外直接投资的集聚经济性，降低投资风险、提高对外直接投资的利润率水平，实现对外直接投资的战略性成功。

参 考 文 献

[1] 安果，伍江. 产品内分工、技术扩散与我国技术进步路径——基于 Spengler 模型的拓展分析 [J]. 产经评论，2012，3（3）：12－21.

[2] 边恕. 日本产业结构演进的实证分析 [J]. 日本研究，2003（1）：29－35.

[3] 边恕. 日本对华直接投资对中日产业结构的影响途径与效果 [J]. 现代日本经济，2008（6）：25－29.

[4] 柴庆春，胡添雨. 中国对外直接投资的贸易效应研究——基于对东盟和欧盟投资的差异性的考察 [J]. 世界经济研究，2012（6）：64－69，89.

[5] 陈建安. 东亚的产业分工体系及其结构性不平衡 [J]. 世界经济研究，2008（4）：72－79，89.

[6] 陈建军，陈国亮，黄洁. 新经济地理学视角下的生产性服务业集聚及其影响因素研究——来自中国 222 个城市的经验证据 [J]. 管理世界，2009（4）：83－95.

[7] 陈建军. 中国现阶段的产业区域转移及其动力机制 [J]. 中国工业经济，2002（8）：37－44.

[8] 陈晓涛. 产业转移的演进分析 [J]. 统计与决策，2006（7）：041.

[9] 陈愉瑜. 中国对外直接投资的贸易结构效应 [J]. 统计研究，2012（9）：44－50.

[10] 陈悦，顾庆良. 中国服装出口动态增长的比较研究——马尔可夫转移矩阵应用 [J]. 经济研究导刊，2013（1）：179－182.

[11] 成峰. 80 年代后半期以来日本进出口贸易结构的转变及其影响 [J]. 现代日本经济，1996（4）：40－41.

[12] 程惠芳，岑丽君．FDI、产业结构与国际经济周期协动性研究 [J]．经济研究，2010，45（9）：17-28．

[13] 杜修立，王维国．中国出口贸易的技术结构及其变迁 [J]．经济研究，2007（7）：137-151．

[14] 樊纲，江小涓，姚枝仲．国际贸易结构分析：贸易品的技术分布 [J]．经济研究，2006（8）：72-82．

[15] 樊勇明．转型中的日本对华直接投资 [J]．世界经济研究，2007（5）：69-74，88．

[16] 冯梅．全球转移与提高我国产业结构水平 [J]．管理世界，2009（5）：172-173．

[17] 冯正强，李丽萍．关于日本对华直接投资贸易效应的实证分析 [J]．亚太经济，2008（1）：66-69．

[18] 符淼．地理距离和技术外溢效应——对技术和经济集聚现象的空间计量学解释 [J]．经济学（季刊），2009（4）：1549-1566．

[19] 高伟，聂锐，张燚．基于价值链接的高校利益相关者网络结构研究 [C]．中国管理现代化研究会．第三届（2008）中国管理学年会——市场营销分会场论文集，2008：204-213．

[20] 高彦彦，刘志彪，郑江淮．技术能力、价值链位置与企业竞争力——来自苏州制造业的实证研究 [J]．财贸经济，2009（11）：104-111，137．

[21] 关志雄．从美国市场看"中国制造"的实力——以信息技术产品为中心 [J]．国际经济评论，2002（4）：5-12．

[22] 何树全．中国农业贸易模式的动态分析 [J]．世界经济，2008（5）：24-32．

[23] 何兴强，王利霞．中国FDI区位分布的空间效应研究 [J]．经济研究，2008（11）：137-150．

[24] 洪宇．日本货物贸易模式背离倾向演进研究 [J]．现代日本经济，2013（1）：51-61．

[25] 胡昭玲，宋佳．基于出口价格的中国国际分工地位研究 [J]．国际贸易问题，2013（3）：15-25．

[26] 江东．对外直接投资与母国产业升级：机理分析与实证研究

[D]. 杭州：浙江大学，2010.

[27] 江小涓. 中国对外开放进入新阶段 [J]. 经济研究，2006 (3)：4-14.

[28] 金芳. 中国国际分工地位的变化、内在矛盾及其走向 [J]. 世界经济研究，2008 (5)：3-7.

[29] 臼井阳一郎，谷雨. 日本贸易结构的转化——从对美国的耐用消费品出口转向对亚洲的生产资料出口 [J]. 世界经济译丛，1994 (12)：53-57.

[30] 李逢春. 对外直接投资的母国产业升级效应——来自中国省际面板的实证研究 [J]. 国际贸易问题，2012 (6)：124-135.

[31] 李宏艳，齐俊妍. 跨国生产与垂直专业化：一个新经济地理学分析框架 [J]. 世界经济，2008 (9)：30-40.

[32] 李娅，伏润民. 为什么东部产业不向西部转移 [J]. 世界经济，2010，33 (8)：59-71.

[33] 李迎旭，田中景. 日本对东盟直接投资新发展及其影响要素的实证研究 [J]. 现代日本经济，2012 (6)：57-65.

[34] 刘培青. 战后日本对外贸易发展的动态比较优势分析 [J]. 现代日本经济，2004 (5)：29-33.

[35] 刘向丽. 日本对华制造业 FDI 对中日制成品产业内贸易影响的实证分析 [J]. 国际贸易问题，2009 (1)：67-72.

[36] 刘友金，胡黎明，赵瑞霞. 基于产品内分工的国际产业转移新趋势研究动态 [J]. 经济学动态，2011 (3)：101-105.

[37] 刘志彪，张杰. 从融入全球价值链到构建国家价值链：中国产业升级的战略思考 [J]. 学术月刊，2009 (9)：59-68.

[38] 刘志彪，张杰. 全球代工体系下发展中国家俘获型网络的形成、突破与对策——基于GVC与NVC的比较视角 [J]. 中国工业经济，2007 (5)：39-47.

[39] 刘志彪. 基于内需的经济全球化：中国分享第二波全球化红利的战略选择 [J]. 南京大学学报（哲学·人文科学·社会科学版），2012 (2)：51-59，159.

[40] 刘志彪. 全球化中我国制造业升级的路径与品牌战略 [C].

厦门大学宏观经济研究中心. 厦门大学宏观经济研究中心授牌仪式暨"转轨时期中国宏观经济理论与政策"学术研讨会论文集. [出版者不详], 2005: 209 - 221.

[41] 刘志彪. 全球化背景下中国制造业升级的路径与品牌战略 [J]. 财经问题研究, 2005 (5): 25 - 31.

[42] 刘志彪. 中国新一轮经济改革方向与中心环节 [J]. 学习与探索, 2012 (3): 80 - 84.

[43] 刘志彪. 重构国家价值链: 转变中国制造业发展方式的思考 [J]. 世界经济与政治论坛, 2011 (4): 1 - 14.

[44] 吕政. 国际产业转移的趋势和对策 [J]. 经济与管理研究, 2006 (4): 9 - 15.

[45] 马云俊. 产业转移全球价值链与产业升级研究 [J]. 技术经济与管理研究, 2010 (4): 139 - 143.

[46] 马子红. 区际产业转移: 理论述评 [J]. 经济问题探索, 2008 (5): 23 - 24.

[47] 聂锐, 高伟. 区际生产要素流动的网络模型研究 [J]. 财经研究, 2008 (7): 87 - 97.

[48] 尚涛, 陶蕴芳. 我国服务业区位专业化与比较优势变动——基于对称性比较优势指数与马尔可夫转移矩阵的分析 [J]. 华中科技大学学报, 2011, 25 (4): 79 - 85.

[49] 隋月红, 赵振华. 出口贸易结构的形成机理: 基于我国1980~2005年的经验研究 [J]. 国际贸易问题, 2008 (3): 9 - 16.

[50] 隋月红, 赵振华. 我国OFDI对贸易结构影响的机理与实证——兼论我国OFDI动机的拓展 [J]. 财贸经济, 2012 (4): 81 - 89.

[51] 隋月红. "二元"对外直接投资与贸易结构: 机理与来自我国的证据 [J]. 国际商务 (对外经济贸易大学学报), 2010 (6): 66 - 73.

[52] 唐保庆, 王绮. 不完全信息与生产者服务业国际产业转移 [J]. 世界经济研究, 2011 (6): 68 - 75.

[53] 田巍, 余淼杰. 企业生产率和企业"走出去"对外直接投资: 基于企业层面数据的实证研究 [J]. 经济学 (季刊), 2012, 11 (2): 383 - 408.

[54] 项本武. 对外直接投资经济效应实证研究进展 [J]. 经济学动态, 2008 (2): 111-115.

[55] 项本武. 中国对外直接投资的贸易效应研究——基于面板数据的协整分析 [J]. 财贸经济, 2009 (4): 77-82, 137.

[56] 许南, 李建军. 产品内分工、产业转移与中国产业结构升级 [J]. 管理世界, 2012 (1): 182-183

[57] 薛敬孝, 白雪洁. 日本产业结构调整的趋向 [J]. 现代日本经济, 2000 (6): 1-6.

[58] 薛敬孝. 趋势性日元升值和日本产业的结构性调整 [J]. 中国社会科学, 1997 (4): 113-125.

[59] 杨汝岱, 姚洋. 有限赶超与经济增长 [J]. 经济研究, 2008 (8): 29-41.

[60] 杨小凯, 张永生. 新贸易理论、比较利益理论及其经验研究的新成果: 文献综述 [J]. 经济学 (季刊), 2001 (1): 19-44.

[61] 杨忠, 张骁. 企业国际化程度与绩效关系研究 [J]. 经济研究, 2009, 44 (2): 32-42, 67.

[62] 姚洋, 张晔. 中国出口品国内技术含量升级的动态研究——来自全国及江苏省、广东省的证据 [J]. 中国社会科学, 2008 (2): 67-82, 205-206.

[63] 姚奕, 倪勤. 中国地区碳强度与 FDI 的空间计量分析——基于空间面板模型的实证研究 [J]. 经济地理, 2011 (9): 1432-1438.

[64] 俞毅, 万炼. 我国进出口商品结构与对外直接投资的相关性研究——基于 VAR 模型的分析框架 [J]. 国际贸易问题, 2009 (6): 96-104.

[65] 张燕, 谢建国. 出口还是对外直接投资 [J]. 世界经济研究, 2012 (3): 63-68, 89.

[66] 张春萍. 中国对外直接投资的贸易效应研究 [J]. 数量经济技术经济研究, 2012 (6): 74-85.

[67] 张二震, 方勇. 要素分工与中国开放战略的选择 [J]. 南开学报, 2005 (6): 9-15.

[68] 张季风. 凯恩斯主义的"复活"与后金融危机时期的日本经

济 [J]. 日本学刊, 2009 (5): 6.

[69] 张季风. 挣脱萧条: 1990~2006 年的日本经济 [M]. 北京: 社会科学文献出版社, 2006.

[70] 张季风. 后危机时代日本对华投资的新机遇与前景展望 [J]. 现代日本经济, 2010 (2): 38-44.

[71] 张季风. 震后日本对外直接投资的新趋势 [J]. 日本学刊, 2011 (6): 85-100, 158.

[72] 张琴. 国际产业转移与产业结构优化研究: 基于浙江省的实证分析 [J]. 国际贸易问题, 2010 (2): 60-67.

[73] 张少军, 刘志彪. 全球价值链模式的产业转移——动力、影响与对中国产业升级和区域协调发展的启示 [J]. 中国工业经济, 2009 (11): 5-15.

[74] 张为付, 武齐. 外国直接投资与我国对外贸易的实证研究 [J]. 国际贸易问题, 2005 (12): 15.

[75] 张友仁, 夏小晶. 浙江省出口贸易结构演进的实证分析 [J]. 国际贸易问题, 2007 (11): 44-51.

[76] 赵伟, 江东. ODI 与母国产业升级: 先行大国的经历及其启示——多视野的考察与分析 [J]. 浙江社会科学, 2010 (6): 2-10, 52, 125.

[77] 赵伟, 江东. ODI 与中国产业升级: 机理分析与尝试性实证 [J]. 浙江大学学报 (人文社会科学版), 2010 (3): 116-125.

[78] 郑胜利. 谨防我国产业转移造成产业空洞化 [J]. 经济前沿, 2009 (12): 2-7.

[79] 郑鑫, 陈耀. 运输费用需求分布与产业转移——基于区位论的模型分析 [J]. 中国工业经济, 2012 (2): 57-67.

[80] 周君, 张震. 走出去战略下中国对外直接投资的母国约束研究 [J]. 投资研究, 2012 (2): 87-102.

[81] 周升起, 郑玉琳, 兰珍先. 加入 WTO 十年来的中国对外直接投资: 特征、困扰与思考 [J]. 世界经济研究, 2011 (12): 26-33, 85.

[82] 周昕, 牛蕊. 产品内分工、距离与生产网络区位优势——基

于 2000 ~ 2009 年中国零部件进口的实证研究 [J]. 世界经济研究, 2012 (7): 46 -51, 88 -89.

[83] 周昕, 牛蕊. 中国企业对外直接投资及其贸易效应——基于面板引力模型的实证研究 [J]. 国际经贸探索, 2012 (5): 69 -81, 93.

[84] 周振华. 我国经济发展面临产业空洞化的挑战: 机理分析与应对思路 [J]. 经济研究, 1998 (6): 37 -45.

[85] Acemoglu D. , Antràs P. , Helpman E. Contracts and technology adoption [J]. The American Economic Review, 2007, 97 (3): 916 -943.

[86] Kravis I. , Lipsey R. E. The effect of multinational firms' operations on their domestic employment [J]. NBER, 1988 (12): 2760.

[87] Aitken B. , Harrison A. , Lipsey R. E. Wages and foreign ownership: A comparative study of Mexico, Venezuela and the United States [R]. National Bureau of Economic Research, 1995.

[88] Andersson U. , Björkman I. , Forsgren M. Managing subsidiary knowledge creation: The effect of control mechanisms on subsidiary local embeddedness [J]. International Business Review, 2005, 14 (5): 521 -538.

[89] A. Ando M. , Kimura F. International production networks and domestic operations by Japanese manufacturing firms: Normal periods and the global financial crisis [J]. RIETI Discussion Paper Series, 2012 (6): 47.

[90] Ando M. International production/distribution networks in East Asia [M]. The economics of East Asian integration: A comprehensive introduction to regional issues. Edward Elgar Publishing Ltd. , 2011: 93 -122.

[91] Antràs P. , Helpman E. Contractual frictions and global sourcing [R]. National Bureau of Economic Research, 2006.

[92] Antras P. Property rights and the international organization of production [J]. American economic review, 2005, 95 (2): 25 -32.

[93] Ayumu T. The effects of FDI on domestic employment and workforce composition [R]. The Research Institute of Economy, Trade and Industry – Discussion Paper Series, 2012.

[94] Ottaviano G. , Robert – Nicoud F. , Baldwin R. , et al. Eco-

nomic geography and public policy [M]. Princeton: Princeton University Press, 2011.

[95] Baldwin R E. Openness and growth: What's the empirical relationship? [M]. Challenges to globalization: Analyzing the economics. Chicago: University of Chicago Press, 2004: 499 – 526.

[96] Baxter M., Kouparitsas M. A. Trade structure, industrial structure, and international business cycles [J]. American Economic Review, 2003, 93 (2): 51 – 56.

[97] Belderbos R., Wakasugi V. R., Zou J. Business groups, foreign direct investment, and capital goods trade: The import behavior of Japanese affiliates [J]. Journal of the Japanese and International Economies, 2012, 26 (2): 187 – 200.

[98] Bernard A. B., Jensen J. B., Redding S. J., et al. Firms in international trade [R]. National Bureau of Economic Research, 2007.

[99] Bernard A. B., Jensen J. B. Firm structure, multinationals, and manufacturing plant deaths [J]. The Review of Economics and Statistics, 2007, 89 (2): 193 – 204.

[100] Blonigen B. A., Davies R. B., Waddell G. R., et al. FDI in space: Spatial autoregressive relationships in foreign direct investment [J]. European Economic Review, 2007, 51 (5): 1303 – 1325.

[101] Blonigen B. A. A review of the empirical literature on FDI determinants [J]. Atlantic Economic Journal, 2005, 33 (4): 383 – 403.

[102] Bluestone B., Harrison B. The deindustrialization of America: Plant closings, community abandonment, and the dismantling of basic industry [M]. New York: Basic Books, 1982.

[103] Borrus M. Left for dead: Asian production networks and the revival of US electronics [J]. BRIE Working Paper, 1996, 24: 38 – 75.

[104] Branstetter L., Lardy N. China's embrace of globalization [R]. National Bureau of Economic Research, 2006.

[105] Branstetter L. Is foreign direct investment a channel of knowledge spillovers? Evidence from Japan's FDI in the United States [J]. Journal of

International economics, 2006, 68 (2): 325 - 344.

[106] Brainard S. L. , Martimort D. Strategic trade policy with incompletely informed policymakers [J]. Journal of International Economics, 1997 (42): 33 -65.

[107] Brasili A. , Epifani P. , Helg R. On the dynamics of trade patterns [J]. De Economist, 2000, 148 (2): 233 -258.

[108] Brecher R. A. , Diaz Alejandro C. F. Tariffs, foreign capital and immiserizing growth [J]. Journal of International Economics, 1977, 7 (4): 317 - 322.

[109] Caballero R. J. , Hoshi T. , Kashyap A. K. Zombie lending and depressed restructuring in Japan [J]. American Economic Review, 2008, 98 (5): 1943 -1977.

[110] Caves R. E. International corporations: The industrial economics of foreign investment [J]. Economica, 1971 (149): 1 -27.

[111] Carr D. L. , Markusen J. R. , Maskus K. E. Estimating the knowledge-capital model of the multinational enterprise: Reply [J]. American Economic Review, 2003, 93 (3): 995 -1001.

[112] Chen Y. , Hsu W. C. , Wang C. Effects of outward FDI on home-country export competitiveness: The role of location and industry heterogeneity [J]. Journal of Chinese Economic and Foreign Trade Studies, 2012, 5 (1): 56 -73.

[113] Criscuolo C. , Martin R. Multinationals and US productivity leadership: Evidence from Great Britain [J]. The Review of Economics and Statistics, 2009, 91 (2): 263 -281.

[114] Dalum B. , Laursen K. , Villumsen G. Structural change in OECD export specialisation patterns: De-specialisation and "stickiness" [J]. International Review of Applied Economics, 1998, 12 (3): 423 -443.

[115] Debaere, Peter, Hongshik Lee, and Joonhyung Lee. It matters where you go: Outward foreign direct investment and multinational employment growth at home [J]. Journal of Development Economics, 2010 (91): 301 -309.

[116] Desai M. , Foley F. , Hines J. Domestic effects of the foreign activities of U. S. multinationals [J]. American Economic Journal: Economic Policy, 2009 (1): 181 - 203.

[117] Drabek Z. , Smith A. Trade performance and trade policy in central and eastern europe [R]. CEPR Discussion Papers, 1995.

[118] Ericson R. , Pakes A. Markov - Perfect industry dynamics: A framework for empirical work [J]. The Review of Economic Studies, 1995, 62 (1): 53 - 82.

[119] Ethier W. J. , Markusen J. R. Multinational firms, technology diffusion and trade [J]. Journal of International Economics, 1996, 41 (1): 1 - 28.

[120] Fahr S. , Vanhala J. Offshoring and domestic labour markets [J]. European Central Bank Working Paper, 2010.

[121] Fahr, Stephan and JuusoVanhala. Offshoring and domestic labour markets: A matching model of outsourcing [J]. Working Paper, 2010.

[122] Fujita M. , Krugman P. R. , Venables A. J. The spatial economy: cities, regions and international trade [M]. Cambridge, MA: MIT press, 1999.

[123] Fujita M. , Krugman P. , Mori T. On the evolution of hierarchical urban systems [J]. European Economic Review, 1999, 43 (2): 209 - 251.

[124] Fujita M. , Hamaguchi N. Supply chain internationalization in East Asia: Inclusiveness and risks [J]. Papers in Regional Science, 2016, 95 (1): 81 - 100.

[125] Fukao K. , Ito K. , Kwon H. U. Do out-in M&As bring higher TFP to Japan? An empirical analysis based on micro-data on Japanese manufacturing firms [J]. Journal of the Japanese and International Economies, 2005, 19 (2): 272 - 301.

[126] Fukao K. Outward direct investment and jobs in Japan [J]. The Monthly Journal of the Japan Institute of Labour, 1995, 37 (7): 2 - 12.

[127] Fukao K. , Amano T. Outward foreign direct investment and manufacturing hollowing-out [J]. The Keizai Kenkyu, 1998, 49 (3): 256 -

276.

[128] Fukao K., Yuan T. Japanese outward FDI and hollowing out [R]. Research Institute of Economy, Trade and Industry. Discussion Paper, 2001.

[129] Garretsen H., Peeters J. FDI and the relevance of spatial linkages: Do third-country effects matter for dutch FDI? [J]. Review of World Economics, 2009, 145 (2): 319 - 338.

[130] Gereffi G. The organization of buyer-driven global commodity chains: How US retailers shape overseas production networks [J]. Commodity Chains and Global Capitalism, 1994 (1): 95 - 122.

[131] Gereffi G. A commodity chains framework for analyzing global industries [J]. Institute of Development Studies, 1999, 12 (8): 1 - 9.

[132] Gereffi, Gary, and Miguel Korzeniewicz, eds. Commodity chains and global capitalism [M]. London: Bloomsbury Publishing, 1993.

[133] Goldberg L. S., Klein M. W. International trade and factor mobility: An empirical investigation [R]. National Bureau of Economic Research, 1999.

[134] Grossman G. M., Helpman E. Innovation and growth: Technological competition in the global economy [M]. Boston, MIT Press, 1992 (3): 419 - 447.

[135] Grossman G. M., Helpman E. Integration versus outsourcing in industry equilibrium [J]. The Quarterly Journal of Economics, 2002, 117 (1): 85 - 120.

[136] Grossman G. M., Helpman E. Outsourcing in a global economy [J]. The Review of Economic Studies, 2005, 72 (1): 135 - 159.

[137] Hanson G. H., Mataloni Jr R. J. and Slaughter M. J. Expansion strategies of US multinational firms [R]. National Bureau of Economic Research, 2001.

[138] Hanson G. H., Mataloni R. J. and Slaughter M. J. Expansion abroad and the domestic operations of US multinational firms [J]. Tuck School of Business, Dartmouth working paper, 2003.

[139] Hansen M. T. , Nohria N. How to build collaborative advantage [J]. MIT Sloan Management Review, 2004, 46 (1): 22.

[140] Harrison A. E. , McMillan M. S. Dispelling some myths about offshoring [J]. The Academy of Management Perspectives, 2006, 20 (4): 6 – 22.

[141] Harrison A. E. , McMillan M. S. Outsourcing jobs? Multinationals and US employment [R]. National Bureau of Economic Research, 2006.

[142] Hatch W. , Yamamura K. Asia in Japan's embrace: Building a regional production alliance [J]. International Journal, 1997, 52 (3): 535.

[143] Hausmann R. , Hwang J. and Rodrik D. What you export matters [J]. Journal of Economic Growth, 2007, 12 (1): 1 – 25.

[144] Helpman E. , Melitz M. J. and Yeaple S. R. Export versus FDI with heterogeneous firms [J]. American Economic Review, 2004, 94 (1): 300 – 316.

[145] Helpman E. Trade, FDI, and the organization of firms [R]. National Bureau of Economic Research, 2006.

[146] Hijzen A. , Jean S. and Mayer T. The effects at home of initiating production abroad: Evidence from matched French firms [J]. Review of World Economics, 2011, 147 (3): 457 – 483.

[147] Hogrefe J. , Yao Y. Offshoring and labor income risk: An empirical investigation [R]. Spapers on Multidisciplinary Panel Data Research, 2012.

[148] Hoshino Y. The effects of overseas production on domestic productivity [J]. The International Economy, 2000 (6): 39 – 51.

[149] Jarreau J. , Poncet S. Export sophistication and economic growth [J]. Journal of Development Economics, 2012, 27 (2): 281 – 292.

[150] Ju J. , Lin J. Y. and Wang Y. Endowment structures, industrial dynamics, and economic growth [J]. Journal of Monetary Economics, 2015 (76): 244 – 263.

[151] Kadeřábková A. , Srholec M. Structural changes in transitive

economies [J]. Prague Economic Papers, 2001, 2001 (4).

[152] Kemp M. C. The gain from international trade [J]. The Economic Journal, 1962 (288): 803 - 819.

[153] Kimura F. International production and distribution networks in East Asia: Eighteen facts, mechanics, and policy implications [J]. Asian Economic Policy Review, 2006 (2): 326 - 344.

[154] Blomstrom M., Kokko A. Home country effects of foreign direct investment: Evidence from Sweden [J]. NBER Working Paper, 1994 (w4639).

[155] Koo J. Technology spillovers, agglomeration, and regional economic development [J]. Journal of Planning Literature, 2005, 20 (2): 99 - 115.

[156] Kravis I. B., Lipsey R. E. The effect of multinational firms' operations on their domestic employment [R]. National Bureau of Economic Research, 1988.

[157] Krugman P., Venables A. J. Globalization and the Inequality of nations [J]. The Quarterly Journal of Economics, 1995, 110 (4): 857 - 880.

[158] Krugman P. Increasing returns and economic geography [J]. The Journal of Political Economy, 1991, 99 (3): 483 - 499.

[159] Krugman P. Increasing returns and economic geography [R]. National Bureau of Economic Research, 1990.

[160] Laitner J. Structural change and economic growth [J]. The Review of Economic Studies, 2000, 67 (3): 545 - 561.

[161] Lall S., Weiss J. and Zhang J. The "sophistication" of exports: A new trade measure [J]. World Development, 2006, 34 (2): 222 - 237.

[162] Lall Sanjaya. The technological structure and performance of developing country manufactured exports 1985 - 1998 [J]. Oxford Development Studies, 2000, 28 (3): 337 - 368.

[163] Lipsey R E. Home and host country effects of FDI [J]. NBER Working Paper, 2002 (w9293).

[164] Lipsey R E. Outward direct investment and the US economy [R].

National Bureau of Economic Research, Inc., 1994.

[165] Lipsey R. E., Ramstetter E. and Blomström M. Outward FDI and parent exports and employment: Japan, the United States, and Sweden [J]. Global Economy Quarterly, 2000 (4): 285 -302.

[166] Lipsey R. E., Sjöholm F. FDI and wage spillovers in Indonesian manufacturing [J]. Review of World Economics, 2004, 140 (2): 321 - 332.

[167] MacDougall G. D. A. The benefits and costs of private investment from abroad: A theoretical approach 1 [J]. Bulletin of the Oxford University Institute of Economics & Statistics, 1960, 22 (3): 189 -211.

[168] Markusen J. R. Multinationals, multi-plant economies, and the gains from trade [J]. Journal of international economics, 1984, 16 (3): 205 -226.

[169] Markusen J. R., Venables A. J. Multinational firms and the new trade theory [J]. Journal of international economics, 1998, 46 (2): 183 -203.

[170] Martin P., Rogers C. A. Industrial location and public infrastructure [J]. Journal of International Economics, 1995, 39 (3): 335 -351.

[171] Fujita M., Krugman P., Venables A. J. The spatial economy [J]. The Spatial Economy: Cities, Regions and International Trade, 1999 (3): 371.

[172] Miao J. Optimal capital structure and industry dynamics [J]. The Journal of finance, 2005, 60 (6): 2621 -2659.

[173] Minabe N. Tariffs, capital export and immiserizing growth [J]. Journal of International Economics, 1981, 11 (1): 117 -121.

[174] Motta M., Norman G. Does economic integration cause foreign direct investment? [J]. International Economic Review, 1996, 37 (4): 757 -783.

[175] Mundell R. A. International trade and factor mobility [J]. American Economic Review, 1957, 47 (3): 321 -335.

[176] Minabe N. Capital and technology movements and economic welfare [J]. The American Economic Review, 1974, 64 (6): 1088 -

1100.

[177] Nishimura K. G., Nakajima T. and Kiyota K. Does the natural selection mechanism still work in severe recessions?: Examination of the Japanese economy in the 1990s [J]. Journal of Economic Behavior & Organization, 2005, 58 (1): 53 – 78.

[178] Culpan R. The differentiated network: Organizing multinational corporations for value creation [J]. Journal of International Business Studies, 1998, 29 (2): 429.

[179] Nunn N. Relationship-specificity, incomplete contracts, and the pattern of trade [J]. The Quarterly Journal of Economics, 2007, 122 (2): 569 – 600.

[180] Ottaviano G. IP. Monopolistic competition, trade, and endogenous spatial fluctuations [J]. Regional Sciences and Urban Economics, 2001 (31): 51 – 57.

[181] Ottaviano G., Tabuchi T. and Thisse J. F. Agglomeration and trade revisited [J]. International Economic Review, 2002, 43 (2): 409 – 435.

[182] Peek J., Rosengren E. S. Collateral damage: Effects of the Japanese bank crisis on real activity in the United States [J]. American Economic Review, 2000, 90 (1): 30 – 45.

[183] Pesaran M. H., Smith R. Estimating long-run relationships from dynamic heterogeneous panels [J]. Journal of Econometrics, 1995, 68 (1): 79 – 113.

[184] Proudman J., Redding S. Evolving patterns of international trade [J]. Review of International Economics, 2000, 8 (3): 373 – 396.

[185] Redding S. J. Theories of heterogeneous firms and trade [R]. National Bureau of Economic Research, 2010.

[186] Robert – Nicoud F. Agglomeration and trade with input-output linkages and capital mobility [J]. Spatial Economic Analysis, 2006, 1 (1): 101 – 126.

[187] Robert – Nicoud F. The structure of simple "New Economic Ge-

ography" models (or, On identical twins) [J]. Journal of Economic Geography, 2005, 5 (2): 201 - 234.

[188] Rodrik D. What's so special about China's exports? [J]. China & World Economy, 2006, 14 (5): 1 - 19.

[189] Schott P. K. The relative sophistication of Chinese exports [J]. Economic policy, 2008 (53): 5 - 49.

[190] Stephan Fahr, Juuso Vanhala. Offshoring and domestic labour markets: A matching model of outsourcing [R]. European Central Bank, 2010.

[191] Senses M. Z. , Krishna P. International trade and labor income risk in the United States [C]. 2009 Meeting Papers. Society for Economic Dynamics, 2009.

[192] Tanaka A. The causal effects of exporting on domestic workers: A firm-level analysis using Japanese data [J]. Japan and the World Economy, 2013 (28): 13 - 23.

[193] Tanaka A. The effects of FDI on domestic employment and workforce composition [R]. Research Institute of Economy, Trade and Industry (RIETI), 2012.

[194] Tanaka, Ayumu. Multinationals in the services and manufac-turing sectors: A firm-level analysis using Japanese data [J]. RIETI Discussion Paper Series, 2011, 6 (11): 059 - 079.

[195] Thorelli H. B. Networks: Between markets and hierarchies [J]. Strategic Management Journal, 1986, 7 (1): 37 - 51.

[196] Vahter P. , Masso J. Home versus host country effects of FDI: Searching for new evidence of productivity spillovers [R]. William Davidson Institute at the University of Michigan, 2006.

[197] Wagner, Joachim. Offshoring and firm performance: Self-selection, effects on performance, or both? [J]. Review of World Eco-nomics, 2011 (147): 217 - 247.

[198] Wakasugi R. , Tanaka A. Productivity heterogeneity and internationalization: Evidence from Japanese firms [J]. Millennial Asia, 2012, 3

(1): 45 - 70.

[199] Wong K. Are international trade and factor mobility substitutes? [J]. Journal of International Economics, 1986 (21): 25 - 43.

[200] White A., Sun X., Canby K., et al. China and the global market for forest products: Transforming trade to benefit forests and livelihoods [R]. Forest Trends, Washington, DC (EUA), 2006.

[201] Yamashita, Kyojifukao. Expansion abroad and jobs at home: Evidence from Japanese multinational enterprises. [J]. Japan and the World Economy, 2010 (22): 88 - 97.

[202] Yamashita N., Fukao K. Expansion abroad and jobs at home: Evidence from Japanese multinational enterprises [J]. Japan and the World Economy, 2010, 22 (2): 88 - 97.

[203] Yamashita N. A comparison of operations of multinational corporations in India and China: Evidence from affiliate-level data [J]. Economic and Political Weekly, 2012, 47 (47 - 48): 109 - 113.

[204] Chang P. L., Lu C. H. Risk and the technology content of FDI: A dynamic model [J]. Journal of International Economics, 2012, 86 (2): 306 - 317.

[205] [日] 稲葉和夫, 森川浩一郎. 日本の対外直接投資行動を含むマクロ計量モデル——直接投資による経済政策効果の分析 (日本経済政策学会第51回大会—自由論題) [J]. 日本経済政策学会年報, 1995 (43): 132 - 136.

[206] [日] 乾友彦, 権赫旭. 日本のTFP上昇率は1990年代においてどれだけ低下したか [J]. 経済分析 = The economic analysis, 2005 (176): 136 - 167.

[207] [日] 桑原哲. 東アジア地域における製品アーキテクチャのモジュール化と貿易構造の変化についての実証分析 [R]. REIT Discussion Paper Series 06 - J - 050, 2006.

[208] [日] 古河俊一, 野田容助共. 標準国際商品分類と産業分類の対応関係 [J]. 統計資料シリーズ (SDS), 1998 (80): 80 - 86.

[209] [日] 高橋浩. 先進国産業構造変化の比較の視点から [J].

経営情報学会 全国研究発表大会要旨集, 2012 (0): 25.

［210］［日］桜健一, 岩崎雄斗. 海外生産シフトを巡る論点と事実［R］. 日本銀行ディスカッションペーパー, 2012. No. 6.

［211］［日］新宅純二郎. 東アジアにおける製造業ネットワークの形成と日本企業のポジショニング［J］. MMRC Discussion Paper, 2006 (92): 1-18.

［212］［日］深尾京司. 日本の産業レベルでのTFP 上昇率: JIP データベースによる分析［R］. RIETI Policy Discussion Paper Series 10-P-012, 2010.

［213］［日］通商産業省. 平成 25 年版通商白書 (要旨) (資料)［J］. 月刊自由民主/自由民主党 編, 2013 (507): 120-124.

［214］［日］深尾京司. 日本の生産性と経済成長: 産業レベル・企業レベルデータによる実証分析［R］. 一橋大学経済研究所, Discussion Paper Series 109, 2010.

［215］［日］深尾京司. 直接投資とマクロ経済［J］. 経済研究, 1997, 48 (3): 227-243.

［216］［日］深尾京司, 袁堂軍. 「日本の対外直接投資と空洞化」［R］. RIETI ディスカッションペーパー. No. 01-J-003, 2001.

［217］［日］池永肇恵. 労働市場の二極化［R］. 一桥大学, Discussion Paper 4, 2008.

［218］［日］長田華子. グローバル金融危機以降の日系多国籍縫製企業による技術移転のジェンダー分析: 日本一中国ーバングラデシュの事例から［J］. ジェンダー研究, 2011 (14): 35-51.

［219］［日］樋口美雄, 松浦寿幸. 企業パネルデータによる雇用効果分析～事業組織の変更と海外直接投資がその後の雇用に与える影響［R］. RIETI ポリシー・ディスカッションペーパー, 2011 (56): 20-40.

［220］［日］松浦寿幸. 空洞化——海外直接投資で「空洞化」は進んだか? (特集あの議論はどこへいった) (雇用・就業と労働市場)［J］. 日本労働研究雑誌, 2011, 53 (4): 18-21.

［221］［日］冨浦英一. 日本企業の海外アウトソーシング—ミク

ロ・データによる分析—[R]. RIETI ポリシー・ディスカッションペーパー,2010(10):20-35.

[222] [日] 若杉隆平,戸堂康之,佐藤仁志,等. 国際化する日本企業の実像—企業レベルデータに基づく分析 [J]. RIETI ディスカッション・ペーパー・シリーズ,2008(23):18-21.

[223] [日] 藤川清史,渡邊隆俊. 海外直接投資と雇用 [J]. 産業連関,2004,12(2):3-16.

[224] [日] 稲葉和夫. 日本の海外直接投資の変動と国内経済 [J]. 立命館経済学,1999,48(2):133-163.

[225] [日] 深尾京司,天野倫文. 対日直接投資と日本経済 [M]. 東京:日本経済新聞社,2004(924):46-49.

[226] [日] 篠崎彰彦,乾友彦,野坂博南. 日本経済のグローバル化:対内外直接投資と貿易構造の実証分析 [M]. 東京:東洋経済新報社,1998.